P. Ehrenreich

Beiträge zur Völkerkunde Brasiliens

P. Ehrenreich

Beiträge zur Völkerkunde Brasiliens

ISBN/EAN: 9783741165566

Hergestellt in Europa, USA, Kanada, Australien, Japan

Cover: Foto ©ninafisch / pixelio.de

Manufactured and distributed by brebook publishing software (www.brebook.com)

P. Ehrenreich

Beiträge zur Völkerkunde Brasiliens

KÖNIGLICHE MUSEEN ZU BERLIN

VERÖFFENTLICHUNGEN

AUS DEM

KÖNIGLICHEN

MUSEUM FÜR VÖLKERKUNDE

II. BAND — 1./2. HEFT

BERLIN
VERLAG VON W. SPEMANN
1891

KÖNIGLICHE MUSEEN ZU BERLIN

BEITRÄGE

ZUR

VÖLKERKUNDE BRASILIENS

VON

Dr. P. EHRENREICH

MIT 15 LICHTDRUCKTAFELN UND EINER FARBENSKIZZE

BEITRÄGE ZUR VÖLKERKUNDE
BRASILIENS

VON

DR. P. EHRENREICH

I. DIE KARAYASTÄMME AM RIO ARAGUAYA (GOYAZ)
II. ÜBER EINIGE VÖLKER AM RIO PURUS (AMAZONAS)

VORBEMERKUNG.

Das im Folgenden mitgetheilte ethnologische Material ist das Ergebniss einer Reise durch wenig bekannte Gegenden des Inneren Brasiliens, unternommen im Anschluss an die zweite Xinguexpedition Dr. Carl von den Steinens, welche Anfang des Jahres 1887 ausgezogen war, um die noch auf präcolumbischer Kulturstufe lebenden wilden Stämme im Quellgebiete dieses Stromes einem eingehenden Studium zu unterwerfen.

Eins der wichtigsten Resultate dieser Expedition war die endgiltige Lösung der Karaibenfrage. Dass die Urheimat der in ihrer ethnographischen Stellung bisher noch so unklaren karaibischen Stämme nicht im Nordosten Südamerikas, sondern in den centralen Gegenden des Kontinents zu suchen sei, wurde durch die Entdeckung zweier grosser karaibischer Völkerschaften im Xinguquellgebiet, der Bakaïri und Nahuqua, die genauere Untersuchung ihrer Sprachen und die glückliche Auffindung der auf ihre Wanderungen bezüglichen Traditionen ausreichend sicher gestellt. Es galt nunmehr den Spuren jener alten Völkerverschiebungen zu folgen, karaibische Stämme zu finden, welche das verbindende Glied zwischen den beiden weit entlegenen Gruppen dieser grossen Völkerfamilie bildeten. Einige Beobachtungen liessen in den Karaya[1]) des unteren Xingu und des mittleren Araguaya ein solches „missing link" vermuthen, von einem erst neuerdings bekannt gewordenen Stamme am linken Ufer des unteren Tocantins den Apiaka konnte dies sogar einem kleinen Wörterverzeichnisse nach mit voller Bestimmtheit angenommen werden. Als im Mai 1888 unsere Expedition sich nach Beendigung ihrer Arbeiten auflöste, entschloss ich mich, durch eine Fahrt den Araguaya und Tocantins abwärts bis Para zur Lösung dieser Frage beizutragen.

Nach zweimonatlicher Landreise langte ich im Juli 1888 in Goyaz an, schiffte mich am 21. August zu Leopoldina auf dem Araguaya ein und erreichte Para am 2. November desselben Jahres.

Von der zahlreichen indianischen Bevölkerung des durchreisten Gebietes konnten nur die Karaya eingehend untersucht werden. Sie erwiesen sich als eine Nation sui generis, die mit keiner anderen, namentlich nicht mit den Karaiben verwandt, sich noch jeder Classification entzieht und eigenartig in Sprache, Sitte und körperlicher Bildung isolirt inmitten der umwohnenden grossen wohlcharakterisirten Gesnationen dasteht.

Die von mir hier erworbene Sammlung ethnologischer Belegstücke, darf trotz mancher Lücken als die erste bezeichnet werden, welche ein einigermassen zutreffendes Bild der Lebens- und Kulturverhältnisse dieses wichtigen bisher fast unbekannten Volkes giebt.

Auch der bedeutendste Gesstamm, der der Kayapo, ist darin durch einige Gegenstände vertreten, die als die ersten, welche von den freien nördlichen Horden dieses grossen Volkes nach Europa gelangt sind, besonderes Interesse beanspruchen.

Die unscheinbaren Stücke der Anambé, eines reinen Tupivolks am unteren Tocantins, bei denen der Brasilianer Couto Magelhäes seine in dem Werke „O selvagem" mitgetheilten Tupilegenden aufzeichnete, sind nur dadurch von Wichtigkeit, dass sie die ersten und zugleich die letzten uns überkommenen Gegenstände eines Volkes darstellen, welches in Folge einer verheerenden Pockenepidemie nunmehr auf vier Individuen zusammengeschmolzen ist.

---

[1]) Die Schreibart Karaya statt Caraja oder Karaja wurde gewählt, weil der Laut j im Munde der Leute selbst wie ein deutsches j (phonet. j) klingt. Der weiche Zischlaut ž kommt in ihrer Sprache nur in der Verbindung dj vor

Als Nachbarn der Anambé hausen weiter im Inland die Apiaka[1]), von denen mir nur civilisirte Individuen zu Gesicht kamen. Sie erwiesen sich wirklich als das gesuchte Zwischenglied. Sie sind ein echter den Bakairi sprachlich und somatisch nah verwandter Karaibenstamm, der aber erst seit relativ kurzer Zeit, etwa seit Mitte dieses Jahrhunderts, aus dem oberen Xingu- oder Tapajozgebiet bis an den unteren Tocantins gewandert ist. Wenn Wanderungen in solcher Ausdehnung bis in die Gegenwart hinein stattgefunden haben, so lässt sich für frühere Zeiten wenigstens ihre Möglichkeit nicht in Abrede stellen.

Von Manaos aus unternahm ich Mitte Dezember 1888 einen dreimonatlichen Ausflug in die Urwaldgebiete des mittleren Purus, auf dem ich drei der wichtigsten Stämme dieser Gegenden kennen lernte. In Folge der Ungunst der Verhältnisse war die Ausbeute an Sammlungsstücken hier relativ gering. Die Erschöpfung meiner Mittel, namentlich aber der schlechte Gesundheitszustand meiner beiden Begleiter verhinderte die Ausdehnung der Reise bis in die oberen Purusgegenden und nöthigte schon Ende Februar 1889 zur Rückkehr. Immerhin hat auch diese Reise etwas zur Klärung der Völkervertheilung dieser Gebiete beigetragen. Fast alle dortigen Stämme gehören der grossen Maipure- oder Nu-Aruak-Gruppe (v. d. Steinens) an und bilden das Verbindungsglied zwischen den Nu-Stämmen Guayanas und Columbias und denen von Bolivien und Matto grosso. Die Feststellung dieser Thatsache hat das bunte ethnographische Bild des centralen Südamerika wesentlich vereinfacht.

Den Karaya und den Purusstämmen der Yamamadi, Ipurina und Paumari ist also die nachfolgende Darstellung gewidmet. Alle sonstigen ethnologischen Beobachtungen und Erkundigungen, sowie das gesammte linguistische und anthropologische Material sind besonderen Publicationen vorbehalten.

I. DIE KARAYASTÄMME AM RIO ARAGUAYA (GOYAZ).

Historisches.

Die Karaya werden zum ersten Male erwähnt bei Gelegenheit jenes bekannten Raubzuges, den der paulistische Bandenführer Antonio Pires Campos[1]) um das Jahr 1684 von Cuyaba aus den Rio das Mortes zum Araguaya hinab unternahm. Es wurden damals die später wieder verschollenen und bis auf den heutigen Tag noch eifrigst gesuchten Goldminen der „Martirios" entdeckt, die in der modernen brasilianischen Volkssage eine so wichtige Rolle spielen. Auf dem Rückwege besuchte Pires Campos die „Ilha dos Carajas", die jetzt Bananal oder Ilha da Santa Anna genannte grosse Insel, welche der Araguaya zwischen 13°½ und 10°½ s. Br. bildet. Zahlreiche Gefangene wurden von hier als Sklaven nach São Paulo geschleppt.

In den vierziger Jahren des vorigen Jahrhunderts veranstaltete der Sohn des Genannten, der von den Goyanern gegen die feindlichen Kayapo zu Hilfe gerufen war, von Goyaz aus eine zweite Sklavenjagd an den Araguaya.

Ueber diese Expedition finden sich nähere Angaben in dem Berichte des Alferes José Pinto da Fonseca[2]), welcher im Jahre 1775 auf Befehl des damaligen Capitão mór von Goyaz José Almeida de Vasconcellos den Fluss besuchte, um friedliche Beziehungen mit den dortigen wilden Stämmen anzuknüpfen, da das Bedürfniss, die Hauptströme der Provinz der Schifffahrt zu eröffnen, sich immer mehr fühlbar machte. Im Juni des betreffenden Jahres erreichte er mit seiner Truppe die Südspitze der Insel Bananal und wusste bald die dort hausenden Karaya für sich zu gewinnen.

---

[1]) Ob dieser Name ihr nationaler ist oder ihnen von den Brasilianern gegeben wurde, ist unsicher. Jedenfalls dürfen sie nicht, wie dies vielfach geschehen ist, mit den Apiaka des oberen und mittleren Tapajoz, einem echten Tupistamme, verwechselt werden. Aeusserlich unterscheiden sie sich von letzteren durch ihre Stammestätowirung. Bei den Apiaka des Tapajoz ist die Mundgegend schwarz tätowirt, die des Tocantins sind durch eine blaue Linie, vom äussersten Augenwinkel bis zum Mundwinkel ziehend, charakterisirt.
[2]) Nach Anderen Manoel Pires Campos.
[3]) Rev. trim. Bd. t. p. 376 d.

Anfangs begegnete man ihm mit Misstrauen, denn Alles stand noch unter dem Eindruck der Grauelthaten, die Pires Campos hier 25 Jahre früher verübt hatte. Bald aber brachte es Pinto durch sein kluges menschenfreundliches Auftreten dazu, dass die Wilden sich unter den Schutz des Gouverneurs von Goyaz stellten. Ihr Häuptling Abeonona leistete dem Könige von Portugal den Treueid, dessen Wortlaut in jenem Briefe mitgetheilt wird.

Die Schilderung, welche Pinto von den Karaya entwirft, entspricht noch vollkommen den heutigen Verhältnissen. Durch ihn erhalten wir die erste Kunde von dem grossen, bis heute noch von keinem Reisenden besuchten See im nördlichen Theil der Insel Bananal, an dessen Ufern die Yavahé hausen. Die Zahl der Karaya schätzt Pinto auf neuntausend Seelen in neun grossen Dörfern, von denen drei den Yavahé angehörten.

Im folgenden Jahre ging eine zweite Expedition ab, um auf der Insel bei dem grössten der Indianerdörfer einen Militärposten anzulegen, der den Namen der Colonia da nova beim erhielt.

In der Folge wurden noch weitere derartige Stationen am Araguaya etablirt, einige auch im Gebiete der Sambioa. Aber bei der herrschenden Misswirthschaft verfielen diese Culturcentren sehr bald wieder.[1] Schon im Jahre 1782 sah man sich genöthigt, 800 Karaya nach S. José de Mossamedes bei Goyaz überzuführen, 1788 wurden andere Schaaren bei Carretão angesiedelt, welche aber nach kurzer Zeit einer Masernepidemie zum Opfer fielen. Auch die Kolonie Mossamedes hatte kein Gedeihen. Pohl fand in den zwanziger Jahren unseres Jahrhunderts den Ort im traurigsten Zustande. Am Araguaya war bald jede Spur früherer Kolonisationsthätigkeit verschwunden. Namentlich ist die Insel Bananal noch heut so unbekannt wie zur Zeit ihrer Entdeckung.

Immerhin blieb das Verhältniss der Karaya zu der eingewanderten Bevölkerung ein ziemlich gutes. Verschiedentlich gelangten Individuen dieses Volkes auf den Handelsschiffen bis Para. Im Jahre 1791 gab daselbst der Häuptling Aribedu dem damaligen Gouverneur dieser Capitanie Auskunft über die Stromverhältnisse des Araguaya. Die kaufmännische Expedition, welche 1792 den Tocantins und Araguaya befuhr, brachte gleichfalls zahlreiche Karaya aus dem Innern mit.

Im Beginn dieses Jahrhunderts brachen dagegen ernste Feindseligkeiten aus. Das neu gegründete Destacament Santa Maria wurde 1813 von den Karaya und den mit ihnen verbündeten Akua (Chavantes) völlig zerstört.[2]

Längere Zeit hindurch schweigen dann die Berichte, nur ganz beiläufig werden die Karaya von Martius, Pohl und Aug. St. Hilaire erwähnt.

Ausführlichere Mittheilungen erhalten wir erst wieder durch die grosse Expedition Castelnau's 1844. Da der französische Reisende nicht den jetzt ausschliesslich befahrenen linken, sondern den rechten Flussarm östlich von der Insel Bananal befuhr, so lernte er die Karayahi nicht kennen. Auch Yavahé kamen nicht zu Gesicht. Er bezeichnet die Insel irrthümlicherweise als unbewohnt. Dagegen verweilte er einige Tage in den grossen Sambioadörfern. Er fertigte das erste Wörterverzeichniss an, beschreibt auch zuerst die merkwürdigen Tanzmasken, deren eigentliche Bedeutung ihm aber verborgen blieb. Leider gingen seine sämmtlichen Sammlungen in den Katarakten des unteren Tocantins verloren.

Drei Jahre später kam der brasilianische Beamte Dr. Rufino Theotonio Segurado von Para aus den Strom herauf. Sein vortrefflicher Reisebericht enthält Notizen über die Sambioa, mit denen er gleich oberhalb der Schnelle Carreira comprida zusammentraf. Auch stattete er den Karayahi einen Besuch ab.[3]

Von sonstigen brasilianischen Reisenden hat der um die Araguayaschifffahrt hoch verdiente General Couto Magalhães, der als Präsident von Goyaz bereits im Jahre 1863 auf einer kleineren Reise bis S. José mit den Karaya in Berührung kam[4], später aber den ganzen Strom zu wiederholten Malen befuhr, am meisten Gelegenheit, das merkwürdige Volk kennen zu lernen. Er hat jedoch nichts Zusammenhängendes darüber publicirt. Einige zerstreute Notizen finden sich in seinem ersten Reisebericht von 1863 und in dem Werke „O Selvagem". (Rio de Janeiro 1874.)

---

[1] Cazal, Corogr. bras. I. p. 301. — Cunha Mattos, Corogr. de Goyaz. Rev. trim. Bd 37 I. p 353.
[2] Rev. trim. Bd 13. II. p. 92.
[3] Rev. trim. Bd. 3 p. 178 ff.
[4] In dem jetzt nicht mehr bestehenden Aldeamento da Estiva bei Salinas, wo unter Aufsicht eines italienischen Missionars Chavantes und Karaya angesiedelt waren. vgl. Peterm. Mitth. 1876. p. 222.

Im Jahre 1870 untersuchte der Ingenieur Moraes Jardim die schiffbare Strecke des Araguaya von Leopoldina bis Santa Maria. Seinem Berichte[1] ist eine, von seinem Begleiter Dr. Spinola verfasste, im ganzen zutreffende Schilderung der Karayahidörfer beigegeben.
Auch die Reisebeschreibung des früheren Präsidenten von Goyaz Dr. Joaquim Leite Moraes (1883) enthält über die Karaya manches Interessante. Die erste ziemlich vollständige Sammlung ethnologischer Objecte wurde von diesem Reisenden nach São Paulo geschafft. Dieselbe ist jetzt zerstreut, doch gelang es mir von dem Eigenthümer zwei der schönsten Stücke, die Kriegskeulen der bekannten Sambioahäuptlinge Roco und Ambura für das Königliche Museum zu erwerben.

Verbreitungsgebiet.

Während man bis vor wenigen Jahren nur die Karaya am Araguaya kannte, wurde durch die erste Xinguexpedition die Existenz anderer Horden derselben Nation am rechten Ufer des mittleren und unteren Xingu nachgewiesen. Ihr Verhältniss zu den Nachbarstämmen und den brasilianischen Ansiedlern der Kautschukdistrikte ist hier jedoch ein durchaus feindliches, so dass bisher jede Annäherung unmöglich war. Am meisten haben die Yuruna von ihren Angriffen zu leiden. Spuren von Kämpfen, verwüstete Wohnplätze und dergleichen traf die erste Expedition v. d. Steinens auf Schritt und Tritt.

Einige von diesen Stämmen herrührende bei den Yuruna erworbene ethnographische Gegenstände lassen keinen Zweifel darüber, dass wir es hier mit echten Karaya zu thun haben.

Durch die zweite Xinguexpedition ist nun ein noch weiteres Hinaufreichen dieser Karaya bis in das obere Gebiet des Stromes wahrscheinlich gemacht worden. Bei den Kamayura (unter 12° s. Br.) wurden Gegenstände erworben, welche angeblich von einem dort unter dem Namen der Aruma bekannten Stamme herrührten; eine zerbrochene Keule, diverse Pfeile, Federhauben, die durchaus mit denen der Karaya identisch sind. Auch der den Kamayura benachbarte Stamm der Trumai zeigte vielerlei mit den Karaya Gemeinsames, z. B. die Sitte der Männer, das Präputium mittelst eines Baumwollfadens über der Glans zusammen zu schnüren, die Bastschürzen der Frauen, welche nur viel schmäler und kürzer sind als die der Karayaweiber, die Federhauben und die Form der Pfeilschleuder. Doch lassen die Sprachen beider Stämme keinerlei Verwandtschaft erkennen.

Die Karaya des Araguaya stehen mit denen des Xingu in keiner Verbindung mehr. Beide sind von einander getrennt durch die grossen kriegerischen Gêsnationen der Kayapo und Akuä (Chavantes), die sich schon seit langer Zeit da zwischen sie geschoben haben.

Ihre Wohnsitze liegen am mittleren Stromlaufe des Araguaya zwischen der Mündung des Rio Crixas und der ersten grossen Schnelle S. Miguel, wo der Fluss die Bergzüge durchbricht oder umfliesst, welche die nördliche Abdachung des grossen innerbrasilianischen Plateaus einfassen.

Schon unter 15° s. Br. tritt er in eine weite, von alluvialen Bildungen erfüllte Ebene ein, welche bis gegen S. Maria (9° 30') hin im Ganzen immer denselben Charakter darbietet. Flache dichtbewachsene Inseln im Strome, die Ufer eingefasst von Sanddünen, hinter denen auf höherem Terrain ein üppiger Waldstreif sich erhebt, der aber wie überall in der Zone der „Campos" nur eine geringe Breite hat und bald trockenem mit krüppligen Bäumen bestandenem Campland oder weiten bei hohem Wasserstande überschwemmten sumpfigen Ebenen der sogenannten Pantanaes Platz macht. Unzählige durch schmale Furos mit dem Strom communicirende, ebenfalls von Wald und Sümpfen eingefasste Lagunen begleiten ihn.

Die merkwürdigste hydrographische Bildung, die den Araguaya auszeichnet, ist seine Theilung unter 13° 25' s. Br., wo seine beiden Arme die grosse flache über drei Breitengrade sich erstreckende Insel Bananal einschliessen. Von Itacaiu, 50 km oberhalb der Mündung des Rio vermelho, bis S. Maria, ca. 140 km unterhalb der Wiedervereinigung der beiden Arme, ist der Strom zu jeder Jahreszeit für kleinere Dampfer schiffbar. Der erste derselben, welcher augenblicklich allein noch in Thätigkeit ist, wurde im Jahre 1869 durch Couto Magelhães über Land vom oberen São Lourenço nach dem Araguaya geschafft.

Bergzüge treten auf dem linken Ufer erst unter 11° 15' s. Br. an der Mündung des Tapirapé

[1] O rio Araguaya, relatorio de sua exploração. Rio de Janeiro 1871.

näher an den Fluss heran. Es erhebt sich hier ein in der Mythologie der umwohnenden Stämme bedeutsamer zweispitziger Kegelberg. Vom Presidio S. Maria ab werden beide Ufer höher. Der felsige Untergrund tritt zu Tage. Steinbarrieren durchsetzen den Fluss an verschiedenen Stellen, ohne indess sein Bett erheblich tiefer zu legen. Gegenüber von S. Maria auf dem linken Ufer liegt in ca. 20 km Entfernung die langgestreckte Serra dos Cayapos. Endlich tritt der Strom bei der Cachoeira de S. Miguel mit entschiedener Senkung in das Bergland ein. Er bildet hier ausser der genannten Schnelle noch die Carreira comprida und Cachoeira grande, durch welche er wieder in ebneres Terrain übergeführt wird, bis er endlich nach Aufnahme des Tocantins von rechts her den letzten und grössten Plateauabfall durch die gewaltigen Kataraktenketten Tauiri grande und Itaboca überwindet.

Bis zur Einmündung des Tocantins trägt die ganze Stromlandschaft durchaus den Charakter der Campos. Kulturfähiges Land findet sich nur an den Wasserläufen, am ausgedehntesten natürlich am Hauptstrome selbst, dessen üppiger Galeriewald hier eine Fülle werthvoller Nutzpflanzen und für mancherlei Kulturen ergiebigen Boden darbietet. Für den Mais und die Maniokwurzel sind die höheren Ufergegenden unterhalb S. Maria besonders gut geeignet.

Das Leben der Anwohner ist bestimmt durch die scharfe Sonderung der Jahreszeiten. Die regenlose Periode dauert von Mai bis Ende September, weiter nördlich noch bis weit in den October hinein. Allenthalben liegen dann weite Sandbänke (Praias) frei, auf welche die Sonne Tag für Tag glühend herniederstrahlt. Es ist für die Indianer die eigentliche Zeit des Stromlebens. Der Fischfang beherrscht dann alle Interessen. Mit dem Beginn des November hat die Regenzeit meist schon mit Macht eingesetzt, im Dezember und Januar hat der Fluss seinen höchsten Stand, 10—12 m über dem niederen Niveau. Von Ufer zu Ufer erfüllt dann ohne Unterbrechung eine gewaltige Wassermasse das Bett, die angrenzenden niederen Ebenen weithin überschwemmend.

Schwärme lästiger Insecten, Moskitos und Pium, die in der Trockenzeit gänzlich fehlen, erfüllen nun die Luft. Der Indianer ist genöthigt, sich auf das höhere Terrain zurückzuziehen, wo er dann der Feldbestellung, allenfalls der Jagd obliegt. Fischfang kann in dieser Zeit nur in den Lagunen betrieben werden.

Nimmt das Wasser ab, so sind am mittleren Araguaya, wo ausgedehnte Sümpfe den Strom begleiten, bösartige Fieber nicht selten.

Horden. Die Karaya des Araguaya theilen sich in die drei grossen Tribus der Yavahe, Karayahi und Sambioa, die zusammen etwa 4000 Köpfe zählen dürften. Die Ersteren bewohnen das Innere der noch gänzlich unbekannten Insel Bananal. Wir wissen von derselben nur soviel, dass sich in ihrem nördlichen Theile der grosse See befindet, an welchem die drei Dörfer der Yavahé liegen. Derselbe hat einen Abfluss in den östlichen Arm (Furo) des Araguaya, an dessen Mündung das letzte Mal im April 1888 einige dieser Wilden angesprochen wurden. Aufgesucht hat sie hier indessen noch Niemand, obwohl sie mehrfach ihr Verlangen bekundet haben, mit den Kolonisten in Verkehr zu treten. Sie bedürfen eben dringend eiserner Werkzeuge, die ihnen jetzt nur spärlich durch Vermittelung der Karayahi zugehen. Auf den Dörfern der letzteren trifft man gelegentlich einige Yavahé an. In grösserer Anzahl verlassen sie ihre Schlupfwinkel nicht gern, da sie mit Recht die Einschleppung epidemischer Krankheiten fürchten.

Am Westarm des Araguaya im Bereich der schiffbaren Strecke von S. José unterhalb der Crixamündung bis in die Gegend von S. Maria leben die Karayahi in 12—15 Dörfern von verschiedenem Umfange. Ihre nördlichste Niederlassung bei S. Maria wurde im Jahre 1881 von den Kayapo des linken Ufers überfallen und gänzlich zerstört. Sie haben sich seitdem mit ihren Ansiedlungen nicht weit über die nördlichste Spitze der Insel Bananal hinaus gewagt. Ihre weitesten Excursionen gehen unterhalb S. Maria bis zur kleinen Schnelle Joncon (d. h. es ist zu Ende).

Dem Verkehr auf dem Strome leisten sie wichtige Dienste durch Holzfällen für den Dampfer. Als Bezahlung erhalten sie Messer und Aexte, welche sie ihrerseits an andere Stämme, wie die Yavahé und Tapirapé, weiter verhandeln. Verständigerweise hat man bei Einrichtung der Dampfschifffahrt von vorn herein Sorge getragen, mit den Wilden auf gutem Fuss zu bleiben. Das Verdienst, dieses vortreffliche Verhältniss eingeleitet und seit 20 Jahren aufrecht erhalten zu haben, gebührt dem wackern Kommandanten des Dampfers, dem für die Erforschung des Araguaya so hoch verdienten Sebastião de Freitas. Seinem uneigennützigen, menschenfreundlichen Wirken ist es zu danken, dass vielleicht nirgendwo in Brasilien so gute Beziehungen zwischen der Urbevölkerung und den Ansiedlern bestehen wie hier.

Freilich ist auch für die Karayahi der Contact mit der „Civilisation" nicht ganz ohne Folgen geblieben. Im Vergleich mit den unabhängigen Sambioa machen sich in ihren Dörfern ein gewisser Mangel an Ordnung und Sauberkeit, geringere Sorgfalt und Geschmack in ihren Artefacten bemerkbar. Gleichwohl ist bei ihnen noch eine Fülle der interessantesten ethnologischen Objecte vorhanden. Wurden doch gerade die wichtigsten Stücke der Sammlung bei ihnen erworben.

Ihre materielle Lage kann nicht als besonders günstig bezeichnet werden. Die niederen Stromufer ihres Gebietes sind den Ueberschwemmungen so sehr ausgesetzt, dass sie nur in beschränktem Masse Ackerbau treiben können. Auf das höhere linke Ufer wagen sie sich nur vorübergehend aus Furcht vor ihren schlimmsten Feinden, den Akuä und Kayapo

Die dritte grosse Karayahorde ist die der Sambioa, über welche Castelnau die ersten genaueren Nachrichten brachte. Sie besitzen vier grössere Dörfer zwischen der Schnelle Pau d'arco und der grossen Cachoeira de S. Miguel. Ihre Jagdzüge erstrecken sich jedoch bis jenseits der Cachoeira grande, in früheren Zeiten bis an das Gebiet der Apinagés bei dem heutigen São Vincente, von wo die zunehmende Besiedelung sie verscheucht hat. Die Felssculpturen der sogenannten Martiriosinsel zwischen der Carreira comprida und Cachoeira grande sind jedenfalls das Werk ihrer Vorfahren. Da bereits die ersten Araguayafahrer dieser „Inschriften" als Documenten hohen Alters Erwähnung thun, so müssen die Karaya mindestens seit dem 16. Jahrhundert in diesen Gegenden sitzen (s. S. 45 ff.).

Innerhalb des Sambioagebiets, wo der Strom nicht mehr für Dampfer schiffbar ist, finden sich zur Zeit keine brasilianischen Ansiedlungen. Die Wilden sind somit ganz auf den Tauschhandel mit den wenigen alljährlich vier- bis sechsmal passirenden grösseren Ruderbooten oder den kleinen Fahrzeugen, welche die Communication mit São Vincente unterhalten, angewiesen. Sie liefern den Reisenden hauptsächlich Hängematten, Feldfrüchte und Hühner, haben im übrigen aber ihre vollkommene Unabhängigkeit bewahrt. Unter weit besseren Existenzbedingungen als die Karayahi lebend, stehen sie hinsichtlich ihrer Agricultur auf einer höheren Stufe als selbst die civilisirten Anwohner des Stroms.

Mit den Kayapostämmen des linken Ufers der Kradahô, Ußikriñ u. a. leben sie in erbittertster Fehde. Zahlreiche geraubte Weiber und Kinder der letzteren finden sich in ihren Dörfern. Doch werden dieselben im Ganzen gut behandelt, die Kinder sogar ohne Weiteres in den Stamm aufgenommen.

Das Verhältniss der Sambioa zu den Ansiedlern ist nicht immer sehr friedlich gewesen. Indessen konnte schon Castelnau constatiren, dass diese Indianer nicht den schlimmen Ruf verdienten, in dem sie damals bei den Goyanern standen. Die Hauptschuld an den vorgekommenen Missethaten ist jedenfalls auf Seiten der Fremden zu suchen.

Entschieden feindselig war ihre Haltung in den siebziger Jahren, wo der berüchtigte Häuptling Roco mehrfach Reisende überfallen und niedergemetzelt hat.

Heute sind es nur noch die Bewohner des zweiten Dorfes, die den Fremden unfreundlich empfangen. Weiber und Kinder werden in Sicherheit gebracht, die Krieger stehen drohend, mit Bogen, Speeren und Keulen bewaffnet, am Ufer und lassen sich kaum zum Tauschhandel herab. Auf den übrigen Dörfern liess unsere Aufnahme wenig zu wünschen übrig, wenn es erst einmal gelungen war, die fliehenden Weiber zur Umkehr zu bewegen.

Immerhin ist im Verkehr mit den Sambioa Vorsicht geboten. Sie werden zwar schwerlich gut bemannte und bewaffnete Boote anzugreifen wagen, aber bei der grossen Entfernung der Dörfer vom Landeplatz kann der Reisende, der unbewaffnet — nur so wird er zugelassen — ihre Hütten besucht, bei plötzlich sich erhebenden Streitigkeiten in eine recht missliche Lage kommen.

Der Empfang auf den Landeplätzen gestaltet sich in der Regel zu einer höchst malerischen Scene. In Schaaren strömen die nackten braunen Gestalten herbei, viele abenteuerlich schwarz und roth bemalt, das Gesicht oft mit einer dicken Lage Russ bestrichen, die einen zierliche Federdiademe auf dem Haupt, die andern das in langem Zopf herabhängende Haar mit Büscheln im Winde flatternder Ararafedern verziert. Alle sind bewaffnet mit langen federgeschmückten Speeren, Keulen, Bogen und Pfeilen. Ohne wildes Geschrei, in würdevoller Ruhe wird parlamentirt, wobei die Ankömmlinge den Wilden zunächst ihre Feuerwaffen zeigen und nachdrücklich auf etwaige Hinterlader und Revolver verweisen, die niemals verfehlen, einen tiefen Eindruck zu machen. Der Häuptling versichert einmal über das andere: Karaya amigo tori, ahi mentira não tem! Der Karaya ist Freund des Weissen (awi), hier giebts keine Lüge! und es beginnt sofort der Tauschhandel (Taf. IV, 2).

Hat man erst ihr Vertrauen erworben, so gestaltet sich der Verkehr ganz ungezwungen, namentlich den Männern und Knaben gegenüber. Die kleinen Kinder und besonders die jungen Mädchen sind sehr scheu und verkriechen sich gewöhnlich in eine Ecke ihrer Hütte, das Gesicht krampfhaft mit den Händen bedeckend. Niemals wird der Fremde durch Betteln belästigt. Auch Diebstähle sind äusserst selten.

Sprache.

Es wurde ein ziemlich ausführliches Vocabular, sowie eine Anzahl kurzer Sätze aufgezeichnet, aus denen sich jedoch vorläufig nur wenig über den grammatischen Bau dieses Idioms ergiebt. Die äusserst undeutliche Sprechweise der Leute, die kaum eine Bewegung der Lippen wahrnehmen lassen, ihre Unfähigkeit, das einmal gesagte exact zu wiederholen und endlich das durch Haufung von Vocalen und Zungenlauten begünstigte Verschlucken der Endsilben erschweren die linguistische Aufnahme ungemein. Sicher ist, dass diese Sprache keiner der bis jetzt bekannten Brasiliens verwandt ist, obwohl einzelne Wortähnlichkeiten mit Gesdialecten vorkommen.

Ihre bemerkenswertheste Eigenthümlichkeit ist das Bestehen einer besonderen Männer- und Weibersprache, wie sich dies in ähnlicher Weise bei den Guaicurus und Chiquitanos findet. Indessen sind nur wenige Wörter gänzlich verschieden, bei den meisten ist die Form nur unwesentlich modificirt. Wo z. B. im Männerdialect zwei Vokale auf einander folgen, steht zwischen beiden im Weiberdialect ein k. So heisst

Regen ♂ *hiti*, ♀ *hikiti*,   Mais ♂ *mahi*, ♀ *makti*.

Bisweilen hat das weibliche Wort nur eine Endsilbe mehr u. s. w. , Wahrscheinlich haben die Weiber nur eine alterthümlichere Form der Sprache beibehalten. Die im Text vorkommenden cursiv gedruckten einheimischen Worte sind, wo nicht ausdrücklich etwas anderes bemerkt ist, auf der Endsilbe zu betonen.

Aeusseres. Kleidung. Zierrath.

Ihrer körperlichen Erscheinung nach repräsentiren die Karaya einen der schöneren Typen unter den Stämmen Brasiliens. Von Statur sind sie nicht besonders kräftig, eher mittelgross und gracil, aber der schlanke Wuchs, das Ebenmaass ihrer Glieder, die stolze Haltung lässt sie grösser erscheinen als sie wirklich sind. Ihre bedeutende Muskelkraft, die Elastizität und Gewandtheit ihrer Bewegungen kommen ganz besonders bei den Ringkämpfen, ihrem beliebtesten Sport, zur Geltung. Sehr stark ist wie bei allen Indianern die Nackenmuskulatur entwickelt, welche sie befähigt, mittelst eines Stirnbandes enorme Lasten zu tragen.

Die Schädelbildung ist constant hypsidolichocephal, ohne besonders hervortretende Prognathie. Das Fehlen von Augenbrauenwülsten giebt dem Gesicht etwas Offenes. Auffallend klein ist die horizontal oder leicht schräg gestellte Lidspalte, die indess dem Gesichte wegen der stets sehr kräftig vorspringenden Nase kein eigentlich mongoloides Gepräge verleiht. Die Nase selbst setzt sehr weit unten an. Der Rücken ist schmal, stark convex mit etwas hängender Spitze. Die Flügel sind meist etwas heraufgezogen, so dass die runden Nasenlöcher nach vorn gerichtet erscheinen.

Die Weiber stehen den Männern an Grösse bedeutend nach, sind aber gleichfalls wohlproportionirt. Ihre Formen neigen in der Jugend etwas zur Fülle. Ungemein zierliche Hände und Füsse, tadellose Form der Büste kommen fast allen jüngeren Individuen zu; doch verlieren sie wie alle Indianerinnen ihre Reize sehr frühzeitig, zumal das lange Säugen übermässige Verlängerung der Brüste bewirkt. Bei älteren Weibern fällt besonders die schwache Entwickelung der unteren Extremitäten und der watschelnde Gang der einwärts gekehrten Füsse unangenehm auf.

Die eigentliche Hautfarbe der Karaya ist auf den ersten Blick schwer zu bestimmen. Der Aufenthalt auf den sonnendurchglühten Praias hat das helle Gelbbraun ihres Teints, welches man nur noch unter ihren grossen Baumwollmanschetten und Kniebinden constatiren kann, in ein dunkles Kupferbraun verwandelt. Selbst dieses ist bei vielen Individuen nicht leicht zu sehen wegen der im weitesten Umfang angewendeten Körperbemalung (Fig. 1). Von Kopf zu Fuss roth oder schwarz angestrichene Leute sind nicht selten. Andere combiniren die schwarze und rothe Färbung zu Mustern, welche fast den Eindruck europäischer Kleidung erwecken. Am beliebtesten sind schwarze Strichverzierungen im Gesicht und an den Extremitäten.

Zur Körperbemalung werden verwendet:
1. Uruca (*maretali*). Paste aus den rothen Beeren der Bixa Orellana.
2. Der aus den Samen des Genipapo (Genipa brasiliensis) gewonnene blauschwarze Farbstoff (*Uruena*).
3. Russ. Derselbe wird entweder einfach von den Kochtöpfen abgebröstet und in das Gesicht gerieben oder er dient, mit Genipapo vermischt, zur diffusen Bemalung des ganzen Körpers.

Die Strichornamente werden mit den Fingern oder Holzstäbchen aufgetragen, die diffuse Färbung mittelst eines Lappens.

Das straffe oder wellige schwarze Haar wird von beiden Geschlechtern über den Augenbrauen grade abgeschnitten, während es hinten über den Nacken herabhängt. Stutzer legen bis zum Wirbel

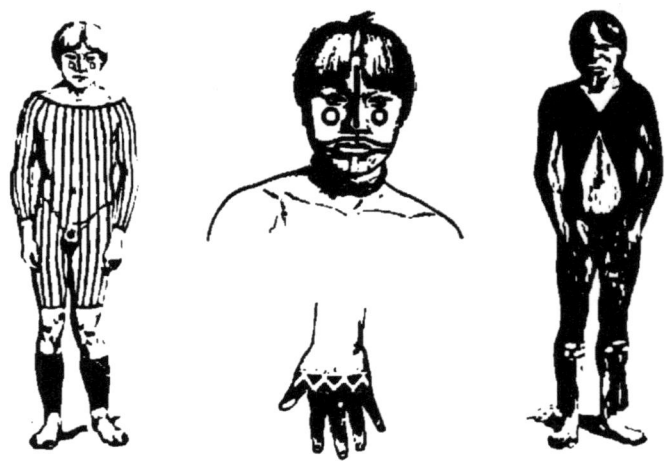

Fig. 1. Körperbemalung

einen ca. 3 cm breiten Scheitel an, lassen die verkürzten Wirbelhaare borstenartig abstehen und binden den hinten herabfallenden Theil mittelst Baumwollschnüren zu einem Zopf zusammen, an dessen Wurzeln die Männer bisweilen noch eine Garnitur von blauen Arara- oder schwarzen Mutumfedern befestigen (*alikamaru*).

In den durchbohrten Ohrläppchen tragen beide Geschlechter für gewöhnlich 15—20 cm lange Rohrstäbchen.

Der Pflock in der Unterlippe (*andià*) kommt nur den Männern zu. Er besteht aus dem leichten, blutrigen Holz des Piuvabaumes und ist entweder mit kurzer Spitze schräg abgeschnitten oder läuft in eine lange bis auf die Brust herabhängende dünne Lamelle aus (Fig. 2, b).

Knaben tragen statt dessen vorwiegend kleine T förmige Muschelstückchen (*idla*) (Fig. 2, d).

Der kostbarste Lippenzierrath, der nur bei festlichen Gelegenheiten getragen, sonst aber sorgfältig in Baumwolle gewickelt aufbewahrt wird, ist ein langer schwerer Steinpflock (*manuteri*) aus hyalinem oder rosenfarbenem Quarz, dessen T förmiges Ende durch die Unterlippe gesteckt wird, während der konische Knopf nach unten herabhängt (Fig. 2, a). Von den vier Exemplaren der Sammlung besitzt das grösste eine Länge von 17,5 cm.

diese Lippensteine, von denen bisher nur wenige in europäische Sammlungen gelangt sind, verfertigen die Karaya nicht selbst, sondern tauschen sie von dem Tapirvolke der Tapirapé am gleichnamigen linken Nebenflusse des Araguaya ein. Die Bergketten des linken Stromufers, wie die Serra dos Cayapós sind reich an diesem Material. Ein in S. Maria erworbener Steinpflock der Kayapo ist kürzer und mit stumpf auslaufendem verjüngtem Ende (Fig. 2, c).

Die Tätowirung beschränkt sich auf das Stammesabzeichen, welches beide Geschlechter auf den Wangen tragen: ein blauer Ring von 10—15 mm Durchmesser (*auŷawawuri*) dicht unter dem unteren Orbitalrand.

Im Ganzen zeichnen sich die Karaya durch sorgfältige Körperpflege aus. Sie baden täglich mehrere Male. Das Haar ist stets sorgfältig gekämmt. Im Gesicht und am Körper werden alle Härchen ausgerupft. Zum Haarschneiden dient schon allgemein die Scheere, während man früher Piranhazähne dazu verwendete.

Kleidung. Die Männer gehen völlig nackt, schnüren aber die Vorhaut über die Glans penis mittelst eines schwarzen Baumwollfadens wurstzipfelartig zusammen (Taf. I. 1). Die Weiber tragen das *nauĩ*, eine Art Schärpe aus dem Baste des Jangadabaumes (Apeiba Jangada). In Wasser eingeweicht und mit flachen Steinen geklopft und getrocknet, erreicht er einen hohen Grad von Geschmeidigkeit und ein weissglänzendes fast stoffartiges Aussehen, sehr ähnlich den in gleicher Weise hergestellten polynesischen Tapazeugen. Ein spannenbreites, 1½ m langes Stück wird um die Hüfte gelegt, beide Zipfel von hinten nach vorn zwischen den Beinen durchgezogen und unterhalb des Nabels zusammengeknotet, so dass die Enden bis auf die Füsse herabfallen. Beim Niedersetzen werden dieselben nach hinten unter das Gesäss zurückgeschlagen (Taf. I. 2).

Ergänzt wird dieses primitive Kostüm durch verschiedene Arm- und Beinbinden, welche eine besondere Stammeseigenthümlichkeit darstellen.

Bald nach der Geburt werden dem Kinde Unterarm und Unterschenkel mit dicken schwarzen Baumwollschnüren (*aŷodruhy*) umwickelt, während eine ebenfalls schwarze 5 cm breite Binde den Leib umhüllt (*uailahaui*) (Taf. VII. 3 u. 4).

Einige Monate später legt man ihm um Hand- und Fussgelenke die breiten gestrickten Baumwollmanschetten (*drãi*), während schmälere mit nach vorn herabhängenden Quasten versehene Binden unter dem Knie befestigt werden. Erstere sind cylindrisch, 5 bis 6 cm breit, mit krempenartig vortretenden verdickten Rändern,

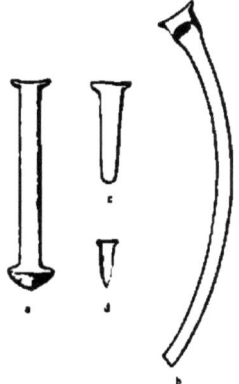

Fig. 2. Lippenornamente ⅓.

letztere glatt und nur 1—2 cm breit. Mit zunehmendem Wachsthum werden diese Bänder allmählich durch grössere ersetzt (Taf. VII. 6 u. 8).

Die Knöchelbinden tragen die Knaben bis nach erfolgter Lippendurchbohrung, die Mädchen dagegen bis zu ihrer Verheirathung. Die Manschetten, die bei den Erwachsenen fast den ganzen Vorderarm bedecken, werden ebenso wie die Kniebänder von beiden Geschlechtern erst nach der Hochzeit, von den Frauen meist nicht vor dem ersten Kindbett abgelegt. Beim Tode eines der beiden Ehegatten zieht der Überlebende dieselben wieder an.

Die scharfe äusserliche Sonderung der ledigen Personen von den verheiratheten durch derartige Abzeichen liegt, wie wir weiterhin sehen werden, auch tief in dem ganzen socialen Leben dieses Volkes begründet. Von sonstigen Schmuckgegenständen wird weiter unten die Rede sein.

Zu den Kleidungsstücken ist noch ein den Karaya ganz eigenthümlicher Gegenstand zu rechnen, das „*riũ*", von den Brasilianern fälschlich „rede" (Hängematte) genannt, auch von Castelnau und Martius so bezeichnet (Taf. VII. 1).

Dieses Baumwollgeflecht sieht zwar einer wirklichen Hängematte sehr ähnlich, wird aber nicht als solche verwendet, überhaupt nicht aufgehängt, besitzt dazu auch keinerlei Schnüre. Es dient vielmehr bei Tage als Umhang, Nachts als Unterlage beim Schlafen auf dem Boden. Das eine Ende wird kapuzenartig über den Kopf gezogen, während das andere das Gesäss bedeckt. So gehört das *riũ* gradezu zur Nationaltracht. Nicht nur die Erwachsenen, sondern auch die kleinen Kinder sieht man damit herumstolziren, selbst den kleinen Thonpuppen der letzteren fehlt es nicht. An Schnüren aufgehängte Matten sind nur als Wiegen für Neugeborene in Gebrauch.

Die Frage, wie die Karaya zu diesem originellen Kleidungsstück gekommen sind, ist von hohem ethnographischen Interesse. Bekanntlich bedient sich ein grosser Theil der brasilischen Stämme der Hängematte nicht. Es sind dies hauptsächlich die den ganzen Osten des Landes erfüllenden Gésnationen, wie die Kayapo, Akuä, Kaingañ, Botocudos u. s. w., sowie die zwar nicht in Sprache, aber durchaus in Lebensweise, Brauch und Sitte mit ihnen übereinstimmenden Bororo. Sie alle schlafen auf dem Boden oder hölzernen Gestellen.

Von den übrigen Hängematten verwendenden Stämmen verfertigen die Karaiben solche aus Baumwolle, die Nu-Aruak aus Palmfaser.

Dieses Verhältniss ist so charakteristisch, dass die An- oder Abwesenheit der Hängematte bei einem Volke, sowie die Art ihrer Anfertigung Hauptmomente für dessen ethnographische Classification abgeben.

Nur die Karaya lassen sich in diesem Schema nicht unterbringen, da sie zwar Baumwoll-Hängematten verfertigen, aber in diesen auf dem Boden schlafen.

Dies lässt vermuthen, dass sie die „rede" erst neuerdings von einem andern Volke übernahmen, während sie ihre alte Gewohnheit des Schlafens auf der Erde nicht aufgeben mochten.[1]

Höchst wahrscheinlich verdanken sie ihre Matte den civilisirten Brasilianern. So weit diese sich überhaupt der Hängematten bedienen, verfertigen sie dieselben aus Baumwolle. Nun sagt Pinto da Fonseca a. a. O. S. 387, die Karaya benützten die Baumwolle nur zur Herstellung von Fischnetzen und Bogensehnen, seien aber der Webekunst unkundig. Er selbst habe ihnen einen Webapparat construirt und die Weiber in dieser Fertigkeit unterwiesen.

Damit würde im Einklange stehen, dass noch heute die Yavahé der Insel Bananal, bei denen Pinto seine ersten Civilisationsversuche anstellte, als die geschicktesten Weber bezeichnet werden. Die ungemein feste taffetartig gewebte „rede" der Sammlung soll Yavahéarbeit sein. Ein Besuch bei ihnen würde diese interessante Frage definitiv entscheiden.

Als bemerkenswerthes Ausstattungsstück der Karaya mögen hier noch die aus Oaguassu-Palmblättern geflochtenen Augenschirme (*dodi*) erwähnt sein, mit welchen sie sich vor dem blendenden reflectirten Sonnenlicht beim Marsch über die Sandbänke schützen (Taf. VIII, 10). Auf die Construction von Schutzapparaten nach Art der Eskimo-Schneebrillen sind sie nicht gekommen, wohl aber wissen sie europäische dunkle Augengläser zu schätzen.

Die Ergänzung des Augenschirms zum vollständigen Cylinderhut (*ina*) ist wohl auf europäische Einwirkung zurückzuführen. Es kamen davon im Ganzen zwei Exemplare vor.

Ansiedlungen, Häuser und Hausthiere.

Die Karaya leben nicht wie die Waldindianer des Amazonas und die rohen Jagdnomaden des Küstengebiets in kleinen Trupps von zwei oder drei Familien beisammen, sondern stets in grösseren Gemeinschaften. Nur die südlichsten Karayahi sind aus Mangel an Subsistenzmitteln genöthigt, sich etwas mehr zu vertheilen. In der Umgegend von S. José stösst man zur Trockenzeit fortwährend auf kleine Banden von 8—10 Köpfen. Je weiter man stromabwärts kommt, desto volkreicher werden auch ihre Lager. Einige davon dürften mindestens 150–200 Insassen zählen. Die auf den Sandbänken errichteten Hütten der Karayahi bestehen meistens in grossen über Stangengerüsten ausgespannten Buritilasermatten, ohne Ordnung wie Zigeunerzelte durcheinander stehend (Taf. III, 2).

Nur sehen sieht man bei ihnen den charakteristischen soliden Hausbau der Sambioa und dann nur in kleineren Dimensionen, ohne besondere Sorgfalt der Construction. Da alle Abfälle einfach auf dem Boden herumgestreut werden, so wird der Unrath allmählich unleidlich. Das massenhaft sich vermehrende Ungeziefer, insbesondere die Sandflöhe, zwingen schliesslich zum Verlassen des Platzes. In der Regenzeit beziehen die Karayahi festere, mit Buritiblättern gedeckte offene Ranchos am hohen Ufer, die sich in ihrer Form sonst nicht von den bei der brasilianischen Bevölkerung üblichen unterscheiden.

---

[1] Mit Recht sagt daher der anonyme Verf. eines alten Reiseberichts der Revista trim. Bd. 23, p. 311. Estes indios dormem em suas redes e da mesma rede farem coberior. Esta idea não e innata nem despertada pela necessidade. Elles aprenderão de alguem

Sehr viel sorgfältiger und zierlicher sind die „Sommerhütten" der Cambioa. Hier bekundet sich der grössere Fleiss, die Betriebsamkeit und der behäbige Wohlstand des freien Sohnes der Wildniss im Vergleich zu seinem in gedrückten Verhältnissen vegetirenden von der Kultur abhängigen „zahmen" Stammesbruder. Nicht ungeordnet, sondern in langen Reihen, förmliche Strassen bildend, machen diese Häuser bei ihrer tadellosen Sauberkeit einen ungemein wohnlichen und freundlichen Eindruck (Taf. IV. 1 u. V.

Wir zählten im ersten Sambioadorf 60, im zweiten 30, im dritten 45 und im vierten 90 Hütten, deren jede von einer oder zwei Familien bewohnt wird.

Die einzelnen Dörfer werden durch besondere Namen unterschieden.

Die Grundform des Hauses ist rechteckig, die schmale Seite mit der Thür der Strasse zugekehrt. Das Gerippe besteht jederseits aus drei oder vier über gabelige Stützen getragenen biegsamen Stangen, welche mit denen der gegenüberliegenden Seite mittelst Sipos zusammengehalten werden und so ein kahnförmig gewölbtes Dach bilden, welches noch durch einige in der Längsrichtung eingepflanzte Verticalstangen gestützt wird Fig. 3. Diese sowohl wie die gabelförmigen Träger werden je nach Bedarf durch starke Horizontalstangen mit einander verbunden. Diese Längslatten sind aussen über den Dachrippen parallel zu einander gebracht und dienen als Träger der mächtigen Fiederblätter der Oagussusupalme-Attalea spectabilis, welche in mehrfacher Lage eine ziemlich wasserdichte Decke bilden. Ihre Blattfiedern werden auch wohl mit einander zu einem sehr soliden Flechtwerk verschlungen. Diese Geflechte dienen hauptsächlich zur Schliessung der Schmalseiten. Rechts und links von der Thür sind zwei hohe Stangen aufgepflanzt, welche den Palmblattschichten der Vorderseite einen festeren Halt geben.

Fig. 3. Hüttenconstruction.

Die innere Ausstattung der Häuser ist ziemlich einfach. Ein Theil des Bodens ist mit Buritimatten belegt, die auch als Schlafunterlage dienen. Ein darunter geschobener glatter Holzcylinder vertritt das Kopfkissen. An den horizontalen Balken hängen die verschiedenen Vorrathskörbe, die Behälter für Schmuckfedern, die fertigen Federzierrathe, Flaschenkürbisse u. a. Bogen und Pfeile stecken in den Dachsparren. Lanzen und Keulen stehen in der Ecke stets zur Hand. Einige schlittenartige Schemel, sowie Töpfe und Cuyenschalen verschiedener Grösse vervollständigen den Hausrath.

In einiger Entfernung vom Dorfe befindet sich die etwas abweichend construirte „Medizinhütte", wo die mysteriösen Tanzmasken aufbewahrt werden. Sie hat die Form eines gewöhnlichen Rancho mit steil ansteigendem Schrägdach und ist auf drei Seiten dicht geschlossen, während die dem Dorf abgewandte Seite weit offen steht. Weibliche Wesen dürfen nicht wagen ihr zu nahen.

Castelnau thut ihrer schon Erwähnung. Couto Magelhães spricht in seinem ersten Bericht von einer Hütte, welche als Arsenal zur Aufbewahrung der Waffen dient. Von einer solchen ist mir nichts bekannt. Offenbar meint er damit dieses geheimnissvolle Heiligthum, dessen wahre Bestimmung man ihm nicht verrathen wollte. Wir werden im Folgenden darauf zurückzukommen haben.

Bemerkenswerth ist noch, dass vor zwei Sambioadörfern auf einem hohen Stangengerüst todte Königsgeier (Sarcoramphus papa) mit ausgebreiteten Flügeln befestigt waren. Wahrscheinlich sollen diese nach Art der holzgeschnitzten Vogelfiguren vor malaiischen Dörfern die Dämonen verscheuchen.

Hausthiere. Bei einer Schilderung des indianischen Hauses dürfen seine thierischen Mitbewohner nicht übergangen werden. Ein echt indianisches Stillleben ist ohne sie nicht denkbar. In ihrer Pflege äussert sich die naive Freude des Naturmenschen am Thier und seinem Treiben. Er betrachtet das Thier als seinesgleichen. Das Gefühl der Zusammengehörigkeit, der Verwandtschaft mit der Thierwelt, das sich in den Stammsagen und einem reichen Schatze von Thierfabeln ausspricht, ist ein Hauptcharakterzug des indianischen Volksgeistes. Hierdurch erklärt sich zugleich der oft hervorgehobene Widerspruch, dass der wilde Indianer trotz seiner staunenswerthen Befähigung im Zähmen der wilden scheuen Thiere seines Landes, es niemals zu einer wirklichen Hausthierzucht in unserem Sinne gebracht hat. Die Thiere werden jung eingefangen und aufgezogen, aber nur um ihrer selbst willen, zur Unterhaltung, aus Freude am Umgang mit ihnen, nicht um sie nutzbar zu machen. Sie werden deshalb auch nicht zur Paarung gebracht. Selbst das Haushuhn, welches schon seit langem im domesticirten Zustande zu den Araguayastämmen gelangt ist und sich massenhaft vermehrt, wird als Hausgenosse nicht zur Nahrung verwendet, ebensowenig wie seine Eier.[1]) Neuerdings dient es jedoch als Tauschartikel im Verkehr mit den Reisenden, die auf den ersten Ansiedlungen der Provinz Para das Geflügel mit hohem Profit absetzen.

Von importirten Hausthieren sind Hunde und Katzen bereits weit verbreitet. Dagegen fehlt das Schwein, welches wiederum von den Kayapostämmen mit Vorliebe gezüchtet und verhandelt wird.

Ein grosses Sambioadorf ist immer zugleich eine Art Menagerie. Am meisten macht die Vogelwelt sich bemerkbar. Die grössten und farbenprächtigsten Vögel werden wenigstens insofern ausgenützt, als sie ihr Gefieder für die Federzierrathe hergeben müssen. Die stolzen Araras sitzen als stets alerte Wächter allenthalben auf den Dächern, mit ihrem betäubenden Gekreisch den Fremden schon von weitem begrüssend. Der grosse dunkelhyacinthblaue Macrocercus hyacinthinus ist für die Ornis der Araguaya charakteristisch und stets vertreten, ferner der blaugelbe M. Macao, sowie, wenn auch seltner, der scharlachrothe M. militaris. Natürlich sind auch die kleineren grünen Papageienarten in allen möglichen Altersstufen vorhanden.

Schmuckfedern liefern ausser ihnen noch die Reiher und Störche, wie die glänzend weisse Ardea egretta, der majestätische schwarzköpfige Riesenstorch (Mycteria Jabiru) und der rosenrothe Löffelreiher (A. cochlearis).

Daneben sieht man im buntesten Durcheinander die verschiedensten Entenarten, Steissfüsser, Kahnschnäbel, Strausse, Hokkohühner u. s. w.

Viele dieser Vögel sind noch künstlich verschönert. Solche mit weissem Gefieder prangen in rother Bemalung, anderen sind kleine Federquasten an die Flügel gebunden.[2])

Ausserordentlich zahm werden die jung eingefangenen Säugethiere. Man lässt sie entweder von Hündinnen saugen, oder die Weiber nehmen sie auch wohl selbst an die Brust. Von Affen sind Ateles, Cebus und Hapalearten die häufigsten, von Nagern Capivaras und Agutis. Die Stelle des Hausschweins vertreten die Peccaris. In dem vierten Sambioadorfe sahen wir sogar einen völlig ausgewachsenen Tapir umherwandern.

An Reptilien finden sich endlich Schildkröten, Eidechsen und junge Alligatoren. Letztere liegen, an einer Schnur um den Leib gefesselt, in den warmen Wasserlachen der Praias.

Lebensweise, Nahrung und deren Zubereitung.

Die Karaya sind wie die meisten südamerikanischen Stämme in erster Linie Fischer, betreiben aber daneben einen nicht unbedeutenden Ackerbau. Die Hauptzeit für den Fischfang sind die trocknen Monate von Mai bis Oktober, wo die grösseren Fische den tieferen Stellen des Flusses, den sogenannten Poços zustreben, die sich besonders oberhalb der kleinen Schnellen und den hier und da hervortretenden Steinmassen bilden.

Die Fischwelt des Araguaya trägt im ganzen Mittellaufe durchaus schon den Charakter der Amazonasfauna. Der riesige drei Meter lange Pirarucu (Sudis gigas) ist allenthalben häufig, ebenso der Zitteraal (Gymnotus electricus) und der dickleibige mit starkem Knochenschild gepanzerte Pirarara (Phractocephalus discolor). Die Poços wimmeln von gefrässigen Piranhas, in den seichten Stellen am Ufer lauert der nicht minder gefürchtete Stachelrochen, im Sande vergraben, auf seine Beute.

Als die schmackhaftesten Fische werden geschätzt der blaugraue gefleckte Pintado (Pimelodus Soruhim), bis zwei Meter Länge erreichend, der Matrincham, der Tucunaré (Cichla temensis), der Trahira (Macrodon) und die verschiedenen Arten des Pacu (Myletes). Gewisse Fische, namentlich schuppenlose, werden aus abergläubischer Scheu nicht gejagt. Ebensowenig die überall massenhaft vorkommenden Süsswasser-Delphine. Desto eifriger stellt man den Schildkröten und deren wohlschmeckenden Eiern nach.

Zur Hochwasserzeit, wo die Fische in der lehmgelben Fluth nicht mehr leicht zu bekommen sind, bieten die vielen, den Strom begleitenden Lagunen die ergiebigsten Fangplätze. Sie bilden für die grösseren Arten geradezu grosse natürliche Fallen, in denen sie sich leicht absperren lassen.

---

[1]) Gleiches berichtet im Thurn, Among the Indians of Guyana p. 225.
[2]) Auch die Kareya verstehen die Farbe der Vögel artificiell zu verändern, namentlich Gelbfärbung des Gefieders hervorzurufen. Doch konnte über die dabei angewendete Methode nichts näheres ermittelt werden.

Während früher die Fische fast ausschliesslich mit dem Pfeil erlegt wurden, findet jetzt auch die Angel immer mehr Verwendung, da Haken massenhaft eingeführt werden. Indessen ist an vielen Punkten die Angel- und Netzfischerei wegen der zahllosen Piranhas, deren Zähnen keine Schnur und kein Netz widersteht, unausführbar.

Kleinere Fische werden auch in Reusen (*adluria*), grössere in Stacketen oder eigenthümlichen aus Schlingpflanzen verfertigten Fallen (*deuurare*) gefangen, die ich jedoch aus eigener Anschauung nicht kenne.

Der Fischerei gegenüber spielt die Jagd eine viel geringere Rolle, als Diejenigen zu glauben geneigt sind, welche alle Indianer ohne Weiteres als reine Jägervölker ansehen. Grösseres jagdbares Wild ist im tropischen Amerika überhaupt spärlich vertreten und beim Mangel an Feuerwaffen schwer zu beschaffen. Dazu kommt, dass oft der Aberglaube den Genuss des Fleisches gerade der grössten und häufigsten Arten verbietet. So verschmähen die Karaya den Tapir. Ihre hauptsächlichste Beute sind die in allen Uferwäldern häufigen Affen, Wildschweine und kleinen Nager, wie Agutis und Pacas, ferner die kleinen Camprehe. In den Lagunen und Sumpfgebieten der Pantanaes liefert ihnen die in Menge vorkommende Bisamente (Anas moschas) eine treffliche Speise.

Agricultur. Die weite Entfernung der Pflanzungen von den Dörfern stand einem Besuche derselben entgegen. Nach der Fülle vegetabilischer Nahrungsmittel bei den Sambioa zu urtheilen, scheint der Ackerbau auf einer relativ hohen Stufe zu stehen. Die „Wilden" haben in dieser Beziehung ihre civilisirten Nachbarn weit überflügelt. Eiserne Ackergeräthe haben schon allgemein die ursprünglichen verdrängt.

Die wichtigste Kulturpflanze ist die Manioca, von der sowohl die nahrstoffreichere giftige (M. brava) als die weniger ergiebige, aber direkt geniessbare Aipim (M. mansa) angebaut wird. Der frisch gerodete trockene Waldboden der höheren Ufer ist besonders für diese Kultur geeignet.

Nächstdem kommt als Körnerfrucht der Mais in Betracht, der weniger in Substanz als zur Herstellung gegohrener Getränke verwendet wird.

Auf niederem Uferland gedeiht das Zuckerrohr. Zur Trockenzeit sieht man allenthalben auf den Sandbänken die Stecklinge für die nächste Saison eingepflanzt. Besondere Vorrichtungen zum Auspressen des Saftes sind nicht im Gebrauch.

An Hülsenfrüchten fanden sich bei den Sambioa kleine braune Bohnen (Dolichos chinensis), sowie von Para importirte Erbsen (*kumunera*).

In grosser Menge, vortrefflicher Qualität und in verschiedenen Arten werden Caraknollen gezogen. Am häufigsten sieht man die gewaltige eiförmige Pé d'anta (Cara brasiliensis) mit weisser, sowie eine kleinere mit fast violetter Durchschnittsfläche.

Die wilden Nahrungspflanzen und Obstsorten, welche die Flusswälder und Campgehölze liefern, bilden eine erwünschte Abwechselung. Es sind zunächst Palmfrüchte, wie die Nüsse der Oaguassu, die pinienapfelartigen Früchte des Buriti (Mauritia vinifera) und verschiedene kleine Cocosarten, ferner der wilde Cajubaum, die Jabuticaba, die Pitanga, der ölhaltige Piquia (Caryocar brasiliense), diverse Bromeliaceen und endlich die schönste Frucht der Campos, die Mangaba (Hancornia speciosa). Letztere sieht man indess weit seltner als bei den Xingudörfern. Der Baum scheint nicht wie dort angepflanzt zu werden.

Auffallend ist, dass die hier vortrefflich gedeihende Orange nicht cultivirt wird, obwohl die Indianer sie aufs höchste schätzen. Nicht selten unternehmen sie wochenlange Reisen zu den brasilianischen Ansiedlungen, um diese Früchte einzuhandeln. Ein Hauptziel solcher Excursionen ist die Stelle des alten jetzt aufgegebenen Missions- und Militärpostens Chambioa kurz oberhalb der Schnelle von S. Miguel, wo grössere Bestände dieses edlen Baumes sich erhalten haben. Auch Cacao wurde früher von dort geholt.

Erwähnt sei noch der Honig der unzähligen Arten wilder Bienen, dessen Einsammlung, da die Thiere sämmtlich stachellos sind, keinerlei Schwierigkeit bereitet. Das schwarze Wachs, welches in grossen runden zolldicken Scheiben aufbewahrt wird, findet in der indianischen Industrie als Klebstoff Verwendung.

Das einzige Genussmittel der Karaya ist der Tabak (*kohi*). Es ist eine Nicotiana, aber nicht N. tabacum, von leichter Qualität. Die getrockneten Blätter werden in grossen aus Palmblattstreifen geflochtenen rechteckigen Packeten aufbewahrt (s. S. 21) und werden zum Gebrauch zwischen den

Händen zerrieben. Als Pfeife (*irikabo*) dient die aussen glatt geraspelte Fruchtkapsel des Jequitibabaumes (Hymenaea sp.). Ein Exemplar der Sammlung ist in der natürlichen Form aus Holz geschnitzt (Fig. 4 und Taf. I. 1).

Zubereitung der Nahrung. Unmittelbar vor der Hausthür befindet sich der Küchenplatz, umgeben von niederen Stangengerüsten, auf denen die ausgepresste Maniokmasse getrocknet wird. Grosse irdene Töpfe stehen auf Steinen oder thönernen Untersätzen über dem Feuer. Der Boden ringsum ist mit Abfällen bestreut. Diese Haufen sind die Brutstätte lästiger, heftig stechender grauer Fliegen (sog. Mosca da aldeia), die, wenn sie überhandnehmen, zum Verlassen des Platzes nöthigen.

Unermüdlich sind die Frauen den ganzen Tag über beschäftigt mit dem Herbeischleppen von Feldfrüchten, von Brennholz und der Zubereitung der Manioca. Zerstampfen des Mais, Aufschlagen der Palmnüsse und dem sorgsamen Ueberwachen aller der kulinarischen Prozesse, in denen die indianische Hausfrau trotz der Einfachheit der Materialien eine relativ grosse Mannigfaltigkeit zu erzielen weiss.

Das Feuer wird noch ganz in der ursprünglichen Weise mittelst des Bohrers (*kedu*) erzeugt. Derselbe besteht aus zwei Stäbchen. Das dickere aus dem Holz der Urucupflanze wird am Boden fixirt, nachdem in der Nähe des einen Endes ein flaches mit einem tiefen seitlichen Einschnitt versehenes Grübchen angelegt ist. In dieses wird nun die Spitze des zweiten dünneren Stäbchens aus Taquararohr eingesetzt und unter starkem Drucke so lange quirlend zwischen den Handflächen herumgedreht, bis sich an dieser Stelle eine Aushöhlung bildet, aus der der glimmende Staub durch die Einkerbung seitlich abfliesst und aufgefangen werden kann. Das Verfahren ist also ganz das bei Im Thurn (a. a. O. p. 258) abgebildete und beschriebene. Wie bei der von den Warrau ausgeübten Methode ist auch hier kein besonderer Zunder nöthig. Das geriebene Holz liefert ihn selbst. Zur Entfachung einer lebhafteren Flamme werden trockene Palmblattstreifen mit dem leicht brennbaren, siegellackartigen rothen Harz (*tamaruru*) bestrichen und angezündet.

Fig. 4 Tabakspfeife 1/4.

Natürlich suchen auch die Karaya das Feuer so lange als möglich zu erhalten und erzeugen neues nur im Nothfall. Bei längern Bootfahrten werden stets glimmende Holzstücke auf Sandunterlage mitgeführt.

Fleisch und Fische werden am Spiess scharf gebraten oder direkt auf glühende Kohlen gelegt, bis die oberste Schicht resp. die Haut völlig verkohlt ist. Die Aschentheile derselben machen im Verein mit dem zurückgehaltenen Fleischsaft den Gebrauch des Salzes einigermassen entbehrlich. An europäisches Salz haben nur die Karayahi sich zu gewöhnen angefangen. Salzhaltige Erden, wie sie sich in den Campos an den sogenannten Barreiros finden, so wie die Asche verschiedener Hölzer müssen sonst als Ersatz dienen. Fische werden auch wohl gekocht.

Maiskolben, Aipimwurzeln, Bataten und einige Palmfrüchte röstet man gleichfalls am Feuer.

Die Zubereitung der Manioca ist viel primitiver als bei den Xingu- und Amazonasstämmen. Die Wurzeln werden, mit tiefen Einschnitten versehen, einige Tage zur Maceration ins Wasser gelegt, sodann mit Messern oder scharfen Muscheln von der Rinde befreit und auf dem Reibholz (*drima*), einem ca. 3 cm dicken biconvexen Brettchen mit einigen Reihen kurzer Buritistacheln in der Mitte, zerrieben (Taf. VIII. 4).

Die zerkleinerte Masse wird zur gänzlichen Entfernung des giftigen Saftes, der grösstentheils schon beim Maceriren entwichen ist, mit den Händen, wohl auch unter Zuhilfenahme von Steinen, ausgepresst und mittelst eigenthümlicher aus elastischen Sipos geflochtener Körbchen (*uriri* s. S. 21) gesiebt und ausgewaschen an der Luft getrocknet. Durch Dörren in flachen Töpfen gewinnt man so das auch am Amazonas allgemein verbreitete „Wassermehl" (Farinha d'agua). In Folge der beim Maceriren eingetretenen Gährung hat dasselbe einen leicht säuerlichen Beigeschmack, ist aber viel haltbarer als die aus der frischen Wurzel bereitete „Farinha secca" des Handels. Diese Art der Zubereitung scheint aber nicht die ursprünglich bei ihnen geübte zu sein. Häufiger wird nach altnationalem Brauch die getrocknete Masse (Puva, *berru*) nach mehrfacher Auslaugung zu dicken laibartigen Klumpen verbacken. Endlich werden auch aus der frisch behandelten Wurzel kleine gleichfalls in Töpfen geröstete Fladen (Beijus, *drüdeke*) hergestellt.

Im Verein mit Mais wird das Maniokmehl auch zur Bereitung ihres beliebtesten Getränkes, des *uerri*, verwendet. In die kochende Maniokbrühe wird gestossener Mais geschüttet und fleissig umgerührt. Ist derselbe genügend weich, so lässt man die Mischung erkalten. Sodann wird der Bodensatz nach echt indianischer Manier von Weibern gekaut, wodurch das Ganze nach mehrtägigem Stehen in saure Gährung übergeht. Es entsteht so ein säuerliches haferschleimartiges Getränk, dem bisweilen noch Honig- oder Zuckerrohrsaft zugesetzt wird. Die Wirkung wird alsdann leicht berauschend.

Die Küchengeräthe sind einfach, immerhin aber schon etwas vollkommener, als z. B. bei den Xingustämmen. Ausser irdnen Töpfen und Cuyen, sowie den als Löffel dienenden Muschelschalen von Anodonta und Hyria avicularis finden sich schon wirkliche Löffel aus Holz oder Thon (vgl. Fig. 5 u. 14).

Die Etikette verlangt, dass Jeder, von dem Andern abgewendet, für sich isst. Wer dagegen verstösst, muss sich den Spott der Übrigen gefallen lassen.

Werkzeuge und Geräthe. Industrie und Kunstfertigkeit.

Die industrielle Thätigkeit der Karaya bietet insofern kein ganz ungetrübtes Bild mehr, als die ursprünglichen Werkzeuge mehr und mehr durch die importirten verdrängt worden sind. Ueber die Form und das Material ihrer alten Steinäxte ist nichts Näheres bekannt. Doch sieht man unter den Petroglyphen der Martiriosinsel, welche unzweifelhaft den alten Karaya zuzuschreiben sind, menschliche Figuren mit Steinäxten in den Händen dargestellt (s. S. 46). Dieselbe Form zeigt ein Steinbeil des Pariser Trocaderomuseums von unbekannter Herkunft, dessen Stiel mit dem für die Karayaarbeit charakteristischen Flechtwerk in Zickzack- und Kreuzmustern umsponnen ist. Möglicherweise stammt das Stück von der Castelnau'schen Expedition.

Heutzutage beschränken sich die primitiven Werkzeuge auf solche, die schon die Natur zweckentsprechend liefert, wie Schabemesser aus Muschelschalen, meisselförmige Instrumente aus Nagetierzähnen, flache Steine zum Klopfen des Bastzeuges, die rauhe Knochenzunge des Pirarucu als Raspel u. s. w.

Trotz der ausgedehnten Anwendung fremder Hilfsmittel hat die Industrie dieses Volkes durchaus den nationalen Charakter bewahrt. Von einem Verfall derselben, wie er sich bekanntlich fast stets in Folge der Einfuhr europäischer Produkte einstellt, kann bei den Karaya glücklicherweise noch nicht die Rede sein. Zweckmässigkeit, Formenschönheit und Sorgfalt der Ausführung ist ihren Arbeiten noch immer eigen.

Der **Kanubau** steht auf einer ziemlich hohen Stufe, wenn auch die Art der Anfertigung verhältnissmässig einfach ist. Die Boote (*uuiu*) sind lange schmale Einbäume mit gleichmässig weit ausgezogenem an der Spitze etwas abgeschrägtem Vorder- und Hintertheil. Bei den vielen Untiefen des Stromes ist diese Form die zweckmässigste, da sie das Landen und Wiederfloumachen des Fahrzeugs erleichtert (Taf. IV. 2).

Das Material ist ein möglichst gerader Stamm der Ipiuba (Tecoma sp.) oder Jutoba (Hymenaea sp.). Da das Vordertheil von dem unteren, das Hintertheil von dem oberen Abschnitt des Stammes geliefert wird, so sind die Kanus vorn meist etwas breiter als hinten. Die Aushöhlung geschieht mittelst der Axt unter Zuhilfenahme des Feuers. Da das Lumen des Boots nicht durch besondere Manipulationen künstlich erweitert wird, wie Im Thurn dies (a. a. O. S. 293) schildert, sondern der ursprüngliche Durchmesser des Stammes auch den des Bootes bestimmt, so sind die Kanus meist im Vergleich zu ihrer Länge unverhältnissmässig schmal und schlagen leicht um. Sie sind innen und aussen mit grosser Sorgfalt geglättet. Vorrichtungen zum Sitzen sind nicht vorhanden. Dagegen werden Reihen kurzer Querhölzer hineingelegt, die einige Zoll über dem Boden festliegend, etwaige Ladung vor Durchnässung schützen.

Von vorzüglicher Arbeit sind die Ruder (*naheve*, Taf. VIII. 1—3). Sie sind 1½—1½ m lang, wovon die Hälfte auf den mit Quergriff versehenen Stiel kommt. Die Schaufel ist gerade, blattförmig, 15—20 cm breit und läuft unten in eine lanzettförmig abgesetzte Spitze aus. Elegante Ruder haben schwarzen Anstrich. Das mittlere Drittel der Schaufel bedeckt ein aus schwarzen Zickzacklinien und Punkten zusammengesetztes Ornament auf weissem Grunde (s. S. 25).

Die **Waffen** der Karaya sind durchaus noch die ursprünglichen.

Die **Bogen** (*lutdrip*) sind je nach dem Alter und der Kraft des Inhabers von verschiedener Grösse. Der längste der Sammlung misst 220 cm, der kleinste Kinderbogen 70 cm. Sie bestehen theils aus dem Holz der Brejaubapalme (Astrocaryum sp.) oder dem sog. Pau d'arco (Tecoma sp.). Die Vorderseite meist etwas abgeflacht, die Enden verjüngt mit dornartig abgesetzter Spitze (Taf. VI. 1).

Die Sehne *(makõgo)* und die Art ihrer Befestigung zeigt manches Eigenthümliche, was sich ähnlich bei den Guayanastämmen wiederfindet. Ihr Material ist Embirabast (Malvaceae sp.), die Blattfaser einer Bromelie (Caragoata) oder die der Patipalme (Syagrus botryophora). Die Länge der daraus gedrehten Schnur übertrifft die des Bogens um das sechs- bis achtfache. An dem einen Ende von entsprechender Dicke, verjüngt sie sich gegen das andere immer mehr, um schliesslich in einem dünnen Faden zu endigen. Ihr starkes Ende ist um die obere Spitze des Bogens geschlungen. Von dort zieht die Sehne direkt zur unteren Spitze und an der Vorderseite des Bogens wieder nach aufwärts bis gegen die Mitte. Nunmehr läuft sie wieder zurück und wird mit ihrem dünneren Ende um den unteren Theil des Bogens festgewickelt. Das letzte, fadenförmige Stück hängt, mit einer Federquaste geschmückt, nach unten herab.

Damit dieses aufgewickelte Ende sich nicht nach oben verschiebt, wird es an der Umbiegungsstelle mit einer Lage Maisblätter, welche durch schwarze Baumwollschnüre festgehalten sind, umwunden. Bisweilen sind auch die Enden des Bogens unterhalb der Spitze mit dünnen weissen Fäden bewickelt. Eine ähnliche, aber losere Baumwollbinde befestigt das an der Aussenseite des Bogens verlaufende Sehnenstück am Bogenholz. Auf diese Weise wird einer allzustarken Anspannung der Sehne entgegengewirkt. Reisst das obere Ende der Schnur aus, so kann durch Abwickeln von unten leicht ein Ersatzstück heraufgeholt werden. Am unteren Ende ist wegen des hier stattfindenden Gegenzuges ein Riss nicht leicht möglich.

Sehr mannigfaltig ist die Form der Pfeile *(ucht)*.

Der Pfeilschaft besteht aus zwei Stücken, einem untern aus Rohr und dem darin eingesetzten aus Holz. Letzterer trägt entweder eine besondere Spitze oder dient in irgend einer Weise zugeschärft und entsprechend geformt selbst als solche.

In der Regel beträgt die Länge des Rohrschafts 2/3, die des Holzschafts 1/3 der ganzen Pfeillänge.

Die Federn des unteren Rohrendes sind stets so angebracht, dass ihre oberste Spitze um sich selbst gedreht in der Ebene der Einkerbung liegt. Der Federkiel beschreibt um den Pfeilschaft 1/4 bis 1/2 Drehung. Die schweren Pfeile, namentlich die mit breiter Rohrspitze versehenen, weisen meist eine stärkere Windung der Federn auf.

Durch die Umdrehung der Federspitze wird die Aussenfahne stark nach aussen gebogen. Die Innenfahne ist, um besser dem Schafte anzuliegen, kurz beschnitten.

Bei vielen Pfeilen ist das unterste Stück, welches die Kerbe und den Federansatz trägt, besonders in den Rohrschaft eingesetzt. Wahrscheinlich ist hier das ursprüngliche Pfeilende beim Zuschneiden oder dem Spannen des Bogens zersplittert und durch einen Einsatz ergänzt werden.

Die Federn sind mit schwarzen Baumwollschnüren befestigt, zwischen denen meist kleine rothe und gelbe Zierfederchen angebracht sind. Die Ansatzstücke werden durch Waimbê-Bastbinden (Philodendron sp.) zusammen gehalten. Der gefiederte Theil des Rohrendes zeigt häufig mit rothem Lack *(umararu)* aufgetragene Querbänder.

Folgende Pfeiltypen sind in der Sammlung vertreten:

1. Kriegspfeile, mit Spitze aus dem Schwanzstachel des Rochens, 150—180 cm lang, wovon 2/3 auf den Rohrschaft kommt. Die 6—8 cm lange beiderseits mit zahllosen kleinen Widerhäkchen versehene Stachel ist mittelst Bindfaden und Wachs so an dem Holzschaft befestigt, dass der untere Theil als langer Widerhaken hervorragt. Der Holzschaft selbst ist mit rothen Strichen, Wellenlinien und Punkten bemalt (Taf. VI. 8).

2. Kriegspfeile mit messerförmig zugeschnittener Rohrspitze, in ihrer Form an die Bororopfeile sich anschliessend. Gesammtlänge 190—200 cm, wovon nur 1/2 auf den Rohrschaft kommt. Am obern Ende des 1/2 cm dicken Holzschafts aus dem glattgehobelten Jerivapalmenholz ist der 30—40 cm lange und 20—30 cm breite messerförmige Taquarasspahn mittelst Waimbêbinden befestigt (Tafel VI. 9).

Bei einem Exemplar ist der kurze Rohrschaft mit Flechtwerk in einfach quadratischem Muster verziert.

3. Jagdpfeile mit Knochenspitzen (vom Tapir und Reh), sonst von derselben Länge und Ausführung wie No. 1. Auch bei ihnen zeigt der Holzschaft rothe Bemalung.

4. Jagdpfeile mit Vogelknochenspitze. Rohrschaft 2/3, Palmholzschaft 1/3 der Gesammtlänge von 100—170 cm (Taf. VI. 4).

5. Fischpfeile, deren Palmholzende zugleich als Spitze dient, 150—165 cm lang.

6. Jagdpfeile mit messerförmig gestalteter Palmholzspitze, die 1/3 der ganzen Länge von 180 cm beträgt (Taf. VI. 2 u. 3).

7. Pfeile mit einfachem Rohrschaft, die statt der Spitze einen hölzernen Kolben tragen, um kleinere Säugethiere lebend zu erlegen. Länge 123—137 cm. Um den gefiederten Schafttheil läuft spiralig ein schwarzes Bandornament (Taf. VI. 5).

8. Kinderpfeile kommen in dreierlei Sorten vor. Die einfachsten sind 50—95 cm lange mit Wachs beschwerte gespaltene Blattstiele der Oaguassupalme. Andere von 140 cm Länge sind zugespitzte Rohrstäbchen. Vollkommener sind endlich die mit spitzigem Holzende versehenen von 130 cm Länge.

Waffen für den Nahkampf sind Keulen *(hâte)* und Speere *(lomari)*.

Von Ersteren finden sich zwei Formen:

1. Flache, schaufelartige Keulen. Ein ganz roh gearbeitetes Exemplar mit leicht gekrümmtem Handgriff und ovalem Blatt wurde bei den Karayahi erworben.

Zwei hervorragende Stücke dieser Art verdanke ich Herrn Dr. Leite Moraes aus São Paulo.

Die Kriegskeule des Häuptlings Ambura (IV Aldeia der Bambioa) ist ein Prachtstück indianischer Waffenindustrie. Sie ist, 165 cm lang, aus hartem Tecomaholz. Die Handhabe, von deren Knauf zwei schwarze mit Schneckenschalen verzierte Quasten herabhängen, ist mit zierlichem Flechtwerk in Rautenmuster umhüllt. Das nach unten sich verbreiternde vierseitig-prismatische Blatt mit scharfen Kanten läuft in eine lanzettförmige Spitze aus (Taf. VI. 11, 12).

Von ähnlicher Form, aber bedeutend kleiner (Länge 111,5 cm) ist die Palmholzkeule des Bambioschefs Boco-í Aldeia). Ihr Blatt ist von elliptischem Querschnitt — das Flechtmuster ist einfacher.
Bei beiden wird das Geflecht im unteren Theil durch eine breite sothe in Quasten auslaufende Baumwollbinde festgehalten.

2. Rundkeulen von verschiedener Länge (95—137 cm).
Sie sind stabförmig mit kolbig verdicktem Endtheil, welcher in einen flachen Buckel ausläuft. Das Griffende hat auch bei ihnen einen knaufartig vorspringenden Ansatz.
Sie sind entweder glatt oder noch häufiger mit Langskanelirung versehen, die sich bald über die ganze Länge der Waffe, bald nur über den unteren Theil erstreckt. Bei dem schönsten Exemplar ist die Kanelirung beiderseits durch einen 1 cm breiten glatten Streifen unterbrochen, in welchem in fingerbreiten Abständen kleine Grübchen eingeschlagen sind (Taf. VI. 13).
Zur Kriegsarmatur gehören endlich die 2—2½ m langen federverzierten Stosslanzen Taf. VI. 10). Der Schaft ist von Palmholz, die 15—20 cm lange Spitze aus dem Schenkelknochen des Jaguars oder des Hirsches, unterhalb der Ansatzstelle derselben sind mittelst Baumwollbinden zwei lang herabhängende Federquasten angebracht. Bei den grösseren Speeren ist das ganze obere Drittel des Schaftes mit Flechtwerk in Zickzackmustern umgeben (Schlangenornament). Kleine rothe Federkränze fassen dasselbe oben und unten ein.

Pfeilschleuder (Wurfbrett) (*kdubi*). Nachdem wir bei den Xingustämmen der Kamayura, Aueto und Trumai dieses in Südamerika fast schon verschollene Instrument noch im Gebrauch angetroffen, war ich überrascht, es in ganz derselben Form am Araguaya wiederzufinden. Nur ist seine Ausführung etwas roher. Der stabförmige Theil mit dem knöchernen Einsatzhaken ist im oberen Drittel rund, im übrigen sechskantig gearbeitet.
Von den drei Exemplaren hat das grösste eine Gesammtlänge von 72,5 cm, wovon 14,5 auf die Handhabe kommen (Taf. VI. 6). Ausserdem findet sich ein Kinderwurfbrett von 38,5 cm Länge.
Die Schleuderpfeile (*láuwa*) sind 150—180 cm lange ungegliederte Rohrstücke aus Uba (Gynerium saccharoides) mit eingesetzten 12—20 cm langen Endkolben aus Palmholz, die mit einer dicken Wachslage überzogen sind. Dieselben sind somit nur noch als Sportgeräthe zu betrachten. Dass die Ueberlieferung sie jedoch noch als Waffen kennt, beweist die S. 42 mitgetheilte Legende (Taf. VI. 7).

Keramik. Die ausschliesslich von den Weibern ausgeübte Kunst der Topfbereitung ist nicht besonders entwickelt. Obwohl die Technik wenig zu wünschen übrig lässt, sind die Formen doch ziemlich einfach. Künstlerischer Trieb in Wiedergabe von Naturgegenständen, Thierfiguren etc. wie bei den Xingustämmen spricht sich nicht darin aus. Alles ist mehr auf das Zweckmässige berechnet.
Wie fast überall in Südamerika werden die Gefässe ohne Scheibe durch kreisförmig oder spiralig übereinander gelegte Thonrollen hergestellt, die auf einer flachen runden Lage als Grundfläche sich aufbauen. Durch Streichen mit der befeuchteten Hand und fortwährendes Glätten mittelst Knochenstücken und Muschelschalen erreicht der Topf schliesslich die gewünschte Form und Stärke.
Nach Couto Magalhães (Archiv. do museu nac. Rio VI. p. 77) wird dem Thon die Asche gewisser Schlingpflanzen beigemischt, deren Kieselgehalt denselben widerstandsfähiger macht.
Das Brennen der Töpfe geschieht nach oberflächlichem Trocknen in der Sonne einer weiteren Mittheilung jenes Beobachters zufolge in eigenthümlicher Weise. In einem Erdtermitenhaufen wird seitlich ein Loch ausgehöhlt und dasselbe erhitzt. Man stellt das Gefäss hinein und legt darunter eine zweite mit der ersten communicirende Oeffnung an, in welcher ein Feuer unterhalten wird. Eine dritte Oeffnung nach oben dient als Schlot.

Die Sammlung zeigt die wichtigsten, aber nicht die grössten vorkommenden Gefässtypen (Fig. 5).
1. Die gewöhnlichste Form ist gegeben durch zwei mit den Basen aneinandergestossene abgestumpfte Kegel. Ein hohes Modell mit enger, ein niederes mit weiter Oeffnung sind im Gebrauch.
2. Weit offene vertiefte Schalen in ähnlicher Grundform dienen als Kochtöpfe.
3. Flache runde Teller, vielleicht europäischen Formen nachgeahmt.
4. Niedrige elliptische Doppelnäpfe mit längsverlaufender Scheidewand.
5. Cylindrische Töpfe mit umgebogenem oder abstehendem oberen Rand.
6. Dreifüssige Schüsseln (*matini*), besonders von Kindern benützt, eine Form, die sich analog in Ecuador wiederfindet.
7. Thönerne Löffel.
Henkel besitzen die Gefässe nicht, statt dessen werden Bastschnüre um den Hals des Topfes geschlungen oder durch den Rand hindurchgezogen.

Zu den Gefässen gehören ausserdem die Cuyenschalen *úla* (Frucht der Crescentia cuyete). Man findet sie hier bei weitem nicht in der Grösse und Mannigfaltigkeit der Form wie bei den Xingustämmen. Dagegen sind sie viel sorgfältiger zubereitet und getrocknet, besitzen auch eine ungleich grössere Haltbarkeit. Sie sind meist aussen und innen geschwärzt und mit eingravirten Ornamenten versehen (Fig. 6 u. 10) Bemalte Cuyen, wie bei den Xingustämmen, kommen nicht vor.

In ihrer natürlichen Form, d. h. nicht durchschnitten und nur an einem Pol mit runder Oeffnung, auch mit Hängeschnüren versehen (Taf. VIII. 7), dienen sie als Flaschen oder Behälter für kleinere

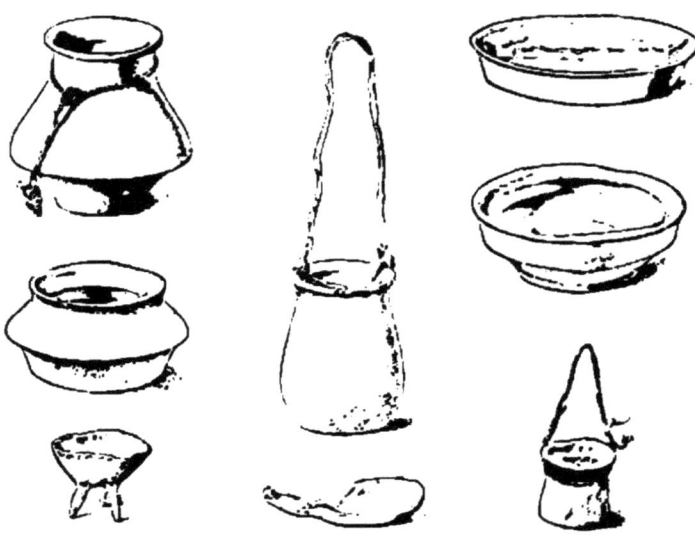

Fig. 5. Thongefässtypen (¹⁄₃).

Gegenstände, wie Sämereien, Zierfederchen u. dgl., mit einem Holzstiel und den im Innern zurückbleibenden Kernen oder Steinchen als Tanzrassel (*adrü*). Solche sind dann oft mit langherabhängenden Federbändern geschmückt Taf. X. 1. u. 2).

Fig. 6. Cuyenschale mit Ornamenten (¹⁄₄).

Die Flechtarbeiten nehmen bei der unerschöpflichen Fülle des pflanzlichen Materials, welche die reiche Natur des tropischen Südamerika dessen wilden Urbewohnern an die Hand giebt, die hervorragendste Stelle in der indianischen Hausindustrie ein. Sie bilden geradezu den Gradmesser der Cultur dieser Stämme. Die Karaya stehen in dieser Kunst hinter keiner anderen Nation zurück, doch zeichnen sich ihre Arbeiten weniger durch Zierlichkeit als durch Zweckmässigkeit, Sorgfalt der Ausführung und Mannigfaltigkeit der Form aus.

Zur Herstellung von Matten dienen ihnen die Blätter der Uaguassu- und Buritipalme. Die diagonal zusammengeflochtenen Blattfiedern der ersteren geben, wie oben gezeigt wurde, ein wichtiges Material für den Hausbau ab. Auch als Bodenbelag werden solche einfachen Matten verwandt, die bei der Leichtigkeit ihrer Anfertigung meist erst im Augenblicke des Bedarfs zugerichtet werden.

Die eigentlichen Matten (Esteiras), die man als Unterlage beim Schlafen und zu Zeltdächern benutzt, liefern die fein zertheilten Fächerblätter der Buritipalme. Die zarten der Länge nach abgespaltenen Fasern sind stets in zopfartig geflochtenen Gebinden zum Gebrauch vorräthig.

Lange parallele Bündel derselben werden durch paarweis hindurchlaufende gedrehte Fäden zusammengehalten. Eine einzige zusammenhängende Einschlagschnur durchzieht das Ganze. Wo dieselbe am Rande der Matte zum nächsten Durchschusse umbiegt, entstehen alternirende Schleifen, an denen das Geflecht aufgehängt wird. Die Durchschüsse sind in Abständen von etwa 3 cm angebracht. Die Dimensionen solcher ungemein haltbaren, weichen und schmiegsamen Matten sind oft sehr beträchtlich. Die beiden Sammlungsexemplare sind flickartiger, an dem einen Ende fast doppelt so breit wie am andern. Bei dem grösseren beträgt die Länge des geflochtenen Theils 96 cm, während eine Breite von 38 cm ungeflochten übersteht. Die Breite misst oben 1½ cm, unten 2½ cm.

Ist der Karaya genöthigt, auf dem glühend heissen Sande der Praias längere Zeit stehen zu bleiben, so schützt er seine Fusssohlen durch eine untergelegte kleine Matte von ähnlicher Ausführung. Das betreffende Stück der Sammlung ist mit schwarzem Embirabast in complementärem Muster durchflochten (Taf. VIII. 13).

Zur Korbflechterei verwendet man ausser der genannten Palme noch die kleinere Mauritiaart Carandasinha, gespaltenes Taquararohr, elastische Sipos, wie die sogenannte Arimbamba, Schlingpflanzen verschiedener Arten, gespaltene Marantastengel u. s. w.

1. Zur Fortschaffung grösserer Lasten werden mächtige Tragkörbe (*kdare*) durch einfaches Zusammenflechten zweier Oaguasublätter hergestellt. Dieselben werden parallel neben einander gelegt, so dass die Rippen 30—40 cm Abstand haben. Die einander zugekehrten Blattfiedern gehen in diagonaler Kreuzung die Rückwand des Korbes, die nach aussen liegenden stellen, an jeder Seite unterzuknoten, die Seitentheile dar. Durch Zusammenschnürung ihrer unteren Enden wird der Boden gebildet. Die Länge eines solchen mit starken Tragbändern versehenen Korbes kann bis zu 3 m betragen[1].

2. Dieselbe Palme liefert das Material der runden Tragkörbe (*redu*). Der Rand besteht aus der längsgespaltenen Mittelrippe. Die Seiten und der doppelte Boden sind durch die köperartig sich kreuzenden Blattfiedern gebildet (Taf. VIII. 17).

3. Aus Buritiblattfasern werden rucksackartige Taschen mit Gehänge hergestellt (*weenki*). Schwarze Wollbandstreifen sind in der Längsrichtung eingeflochten (Taf. VIII. 12).

4. Eine eigenthümliche Form bieten die elastischen Taschenartigen Körbe aus Buritiblattstreifen in Köpergeflecht (*mutli*). Bei dem kleineren Exemplar ist die Ausdehnungsfähigkeit dadurch gesteigert, dass unterhalb des Halses eine Reihe neuer Blattstreifen eingebunden ist, welche über die Grundstreifen mit einander verknotet sind (Taf. VIII. 9 u. 11).

5. Zur Aufbewahrung von Federnschmuck u. dgl. dienen die Doppelkörbe aus Oaguasublättern von elliptischer Grundform. Sie bestehen aus zwei ganz gleichen Hälften, von denen die eine als Deckel über die andere geschoben wird (*uaradelu*). Die Blattstreifen sind, sich gegenseitig zur Hälfte deckend, über eine elliptisch geformte Palmholzleiste als Rand zusammengenäht. Ein Längsstäbchen giebt dem Boden Halt und ist mit dem der andern Hälfte durch eine Schnur verbunden (Taf. VIII. 8).

6. Kahnförmige Hängekörbe (*lala*) aus Carandasinhablättern. Der durch den gespaltenen Blattstiel gebildete Rand ist bei vollkommeneren Exemplaren mit schwarzem Jangadabast umhüllt und mit einer ebensolchen Hängeschnur versehen. Das Geflecht zeigt ein rechteckiges Spiegelmuster, in welchem mit rothem Lack ein kreuzornament eingezeichnet ist (Taf. VIII. 7).

7. Zur Aufbewahrung des Tabaks dient eine grosse rechteckige Tasche mit Tragband. Zwei Palmblattstücke sind mit der Mittelrippe, als der einen Längsseite der Tasche, an einander befestigt. Ihre Fiedern durchflechten sich und bilden mit ihren verknoteten Enden die gegenüberliegende Längsseite (Taf. VIII. 17).

8. Sehr zierlich sind die kleinen Tabakstaschen der Männer aus Carandasinha. Ein zusammenhängendes Stück liefert Vorder- und Hinterseite, Boden und Deckelklappe. Die Seitentheile sind mit einem über den Boden laufenden Streif besonders eingenäht. Das ganze Geflecht ist horizontal laufender Köper (Taf. VIII. 5).

9. Kleine Körbe aus gespaltenem Rohr mit quadratischem Boden, aber runder Oeffnung, in dreisprungigem Köpergeflecht. Die Seiten zeigen vertikale Streifung. Durch Umkehrung der Diagonalrichtung nach aussen entsteht an jeder Seite ein schräges Kreuzmuster in dunkler Färbung. Am Boden laufen alle Spähne rechtwinklig zusammen.

10. Als Siebapparate dienen runde flache Körbe (*wiweti*) aus elastischen Schlingpflanzen, deren Vertikalspähne sich am Boden in vier rechtwinklig sich kreuzenden Gruppen vereinigen (Taf. VIII. 14).

11. Ein ganz ähnliches Geflecht zeigt ein kugliger Korb zur Aufbewahrung roher Baumwolle. Die Vertikalstreifen sind von weniger biegsamem Material (Taf. VIII. 16).

Die Textilindustrie der Karaya ist im Wesentlichen noch Flechtarbeit. Material zu Fäden liefern zunächst die natürlichen Pflanzenstoffe, die Faser der Buriti und gewisser Bromeliaceen, sowie die durch ausserordentliche Cohäsion bekannten Bastsorten der Malvaceen (Embira und Jangada). Feinere Fäden werden durch Streichen solcher Fasern zwischen den befeuchteten Händen oder zwischen Hand und Schenkel hergestellt. Aus diesen werden dann stärkere gedreht in Weise wie im Thurn a. a. O. 284 dies beschreibt, eine Methode, die übrigens auch von jedem brasilianischen Sertanejo ausgeübt wird. Die so erhaltenen Fäden und Stränge werden aber fast ausschliesslich zu Bindfäden, Stricken und Bogensehnen verwendet. Allenfalls strickt man mit langen Holznadeln Maschengeflechte daraus, wie Fisch- und Tragnetze, sowie eigenthümliche mittelst Baumwollschnüren zusammenziehbare Mützen, die in verschiedener Weise mit Federn verziert werden (s. S. 23).

Das eigentliche Gewebsmaterial ist die Baumwolle. Zur Herstellung der Fäden dient die Handspindel (*adomlui*) in der gewöhnlichen Form, eine runde Scheibe aus Knochen oder gebranntem Thon, die in ihrem durchbohrten Centrum einen etwa fusslangen am unteren Ende mit einem scharf

---
[1] Ueber ein ganz gleiches Geräth am Congo vergl. Smithson. reports 1877; S. 397, m. Abb.

abgesetzten Knöpfchen versehenen Palmholzstab trägt. Derselbe wird durch Streichen am Schenkel in
drehende Bewegung gesetzt. Einer der vorliegenden Thonwirtel ist kugelförmig mit vier ringsum eingeschnittenen menschlichen Gesichtern verziert (Fig. 7).
   Der Webstuhl oder vielmehr Flechtapparat, auf dem die Schlafnetze verfertigt werden, ist
so einfach als möglich. Zwei starke Holzpfähle sind in 2—2½ m Abstand in den Boden festgerammt.
Die mittleren Dachstützen der Hütte können als solche dienen. Um diese wird ohne Kreuzung die
Kette geschlungen, welche also aus zwei einander parallelen Fadenreihen besteht. Die Einschlagsfäden
werden nun paarweis mittelst einer langen Nadel von oben nach unten hindurch geführt und mit
einem Kettenfadenpaar nach dem andern verknotet. Zwei Einschlagsfaden umschlingen immer zwei
Kettenfaden. Ihr Abstand von einander ist doppelt so gross als der der Kettenfadenpaare. An beiden
Rändern sind die Einschläge festgeknotet.
   Indem für verschiedene Kettenstränge verschiedene Farben gewählt werden, erhält man „redes"
in schwarzer und rother Streifung. Die Grundfarbe ist meist weiss.
   Es können aber auf demselben Apparat auch wirkliche Gewebe von taffetartiger Textur angefertigt werden. So besteht die oben erwähnte „rede" der Yavahé aus solchem Stoff. Auch die starken
Tragbänder gewisser Körbe, die schwarzen mit Perlmutterscheiben verzierten Stirnbänder (Taf. VII. 7),
die schwarzen Leibbinden für Kinder (Taf. VII. 3, 4), die mit lang herabhängenden Federstreifen ge-
schmückten Tanzgürtel sind in dieser Weise gefertigt.
   Bei diesen kleineren Geweben durchläuft ein einziger zusammenhängender Einschlagsfaden die
ganze Kette. Ob besondere handlichere Apparate hierzu verwendet werden, wurde nicht ermittelt.

Fig. 7 Spindeln ¹/₄.

   Die Armmanschetten und Beinbinden werden, soweit dies nicht am Körper selbst geschieht, über
einem schweren kegelförmigen Holzblock (*knaaru*) mittelst einer jetzt meist eisernen Hackelnadel (*líriton*)
angestrickt (Taf. VII. 9).
   Die langen über Brust und Nacken herabfallenden Fransengehänge (Taf. VII. 2), sowie die kür-
zeren, welche unter dem Knie befestigt werden; ein beliebter Schmuck junger Leute sind einfache Knöpf-
arbeiten. Zwei starke parallele Stränge werden mit einer Anzahl gleich langer Fadenpaare in Achtertouren so durchschlungen, dass die Anfangs- und Endstücke der letzteren nach unten herabhängen.
   Kinder tragen um den Nacken die schwarzen an langen starken Schnüren hängenden Baumwoll-
troddeln (*arkadau*), deren Grösse und Dicke sich nach dem Alter des Kindes richtet. Bei einigen sind
oberhalb der Quasten die bunten Gehäuse der Castalia dolabella angebracht (Taf. VII. 5).
   Von den **Schmuckgegenständen** verdienen in erster Linie die in reichster Auswahl vertretenen
Federzierrathe eine eingehende Behandlung.
   Die Freude an Farben, welche dem Culturmenschen bekanntlich mehr und mehr abhanden
kommt, lässt diese Naturkinder das Gefieder der farbenprächtigen Vögel ihrer Heimath zu einer Fülle
der buntesten Schmuckgegenstände verarbeiten, wie sie an Mannigfaltigkeit der Form und Geschmack
der Zusammenstellung nur bei wenigen Stämmen Südamerikas wieder erreicht werden.
   Ihre Ausführung ist freilich keine sehr solide. Bei dem reichen Material an geeigneten Federn,
über das die Karaya verfügen, sind sie jeden Augenblick in der Lage, etwa schadhaft gewordene Stücke
zu erneuern.

1. Schopffedern. Ein Bundel Arara- oder schwarzer Mutumfedern umgiebt die Wurzel des Zopfes, an deren Enden
noch kleine weisse Federchen angeheftet sind. Im Winde sich aufrichtend, umgeben sie den Kopf des Trägers heiligenschein-
artig (vgl. Taf. I. 3).

2. Kleine Diademe (*saradurechi*) werden bei Begrüssung von Fremden, Versammlungen u.s.w. getragen. Um einen Holz-
reif sind kleine rothe und gelbe Araraledern aufgereiht, vorn eine Rosette bildend, aus deren Mitte schwarze Baumwollschnüre
auf die Stirn herabfallen Taf. IX. 6.

3. In dieselbe Kategorie gehört ein eigenthümlicher Aufsatz in Gestalt eines abgestumpften Kegels aus dünnen, einem Holzstab aufgesetzten, mit rothen Federchen überzogenen Rohrstäben (Taf. IX).
4. In einem Exemplar kam ein kleiner auf dem Scheitelwirbel getragener Aufsatz vor (Fig. 6).
Ein rhombisches Fussplättchen trägt zwei mit Federn überzogene starke Stiele, in welche zwei Paar gablig abstehende Cassicusfedern eingesetzt sind.
5. Federhauben sind in dreierlei Form in Gebrauch:
   a) Die einfachsten *(sisi-hera)* bestehen aus einem weitmaschigen Flechtwerk aus Bast, in dessen Knotenpunkten Federn eingebunden sind. Sie kehren in gleicher Ausführung bei den Xingustämmen des Kamayurá, Trumai und Suyá wieder, die sie möglicherweise den dortigen Karayá bereits Anmus entlehnt haben.
   b) Grössere Solidität und Zierlichkeit besitzt die zweite Art. Ihre Grundlage bildet eine aus starken Palmfasern geflochtene engmaschige Haube mit Zuschnüren *(...)*. Kleine, gelbe und rothe Federn sind, rosettenartig um ein Rohrstückchen befestigt, in das Maschenwerk eingebunden Taf. IX 4).
   c) Fest gestrickte engmaschige Mützen, die ausser mit einer Schicht Flaumfedern überzogen sind. Bei den vorliegenden Exemplaren sind letztere nicht mehr vorhanden.

6. Der eigentliche Tanzschmuck *(larina)* wird mittelst einer um die Stirn laufenden Schnur am Hinterkopf getragen (Taf. IX, vgl. Taf. II). Die Grundlage ist ein hufeisenförmiger Träger. Er besteht aus zwei Lagen zusammengebogener Palmblattrippchen, die durch ein in Mustern angeordnetes Baumwollgeflecht mit weissem Thonanstrich zusammengehalten werden. Zwischen diesen beiden Platten liegen radienförmig aneinander gereiht kurze Röhrchen, deren obere Oeffnung den Schaft der Schmuckfedern aufnimmt. Die über die Trägerplatten hinausragenden Theil der Röhrchen sind durch ein darüber gelegtes Federband gedeckt.

Dieser Schmuck kommt auch in einer weniger soliden Form vor, bei der statt der Rohrstückchen eine dicke Wachseinlage die Schmuckfedern aufnimmt. Um besser in das Wachs eindringen zu können, ist eine jede derselben an einem spitzigen Holzspahn festgenäht.

7. Einfacher aber nicht minder stattlich ist ein zweiter Tanzschmuck in Diademform *(....)*. Der Träger besteht hier aus einer Reihe langer mit weissen Fäden umwickelter Rohrstäbchen, die an einem horizontalen Holzstab aufgereiht sind. Indem die unteren Enden des Trägers zusammengezogen werden, weichen die oberen seitlich auseinander, so dass die langen Schmuckfedern sich weit ausspreizen (Taf. IX 5).

Die erste Xingu-Expedition erwarb einen derartigen Kopfputz der Xingu-Karayá bei den Yuruna.

8. u. 9. Zwei Schmuckstücke sind hinsichtlich ihrer Anwendung noch unklar. Es wurden bei den Karayahi zwei helmartige aus Bastzublättern gedachteme, an der Spitze mit Federbüschen versehene Kopfaufsätze *(tatenerá)* erworben, die die Indianer selbst als unvollständig bezeichneten. Es sollten angeblich an dem unteren Theil dieser Helme noch Federn angebracht werden. Eins derselben ist übrigens mit einer Schicht Flaumfedern überzogen Taf. IX. 8).

Fig. 8. Federschmuck auf dem Kopfwirbel zu tragen (⅓).

Nun wurden an einem andern Orte zwei Federgarnituren angetroffen, von denen vielleicht die eine das genannte fehlende Stück darstellt. Es besteht aus einer Lage fächerförmig auf einem starken Baumwollstrange aufgereihter langer Arara- und kurzer gelber Cassicusfedern. Auf dem unteren Theil der Aussenseite liegt noch eine aus blauen und grünen Papageifedern zusammengesetzte Deckschicht. Um den Cassicusfedern gleiche Länge wie den Ararafedern zu geben, ist eine jede derselben auf ein entsprechend langes Holzstäbchen festgenäht, dessen überragendes Endstück, mit Baumwolle umwickelt, an seiner Spitze einen kleinen Federbüschel trägt. Den Ararafedern, die genügende Länge haben, fehlt das Stäbchen. Bei ihnen ist nur ein Theil der Fahne entfernt und der Kiel an dieser Stelle gleichfalls mit Baumwolle umwickelt. Durch die Mitte des Ganzen läuft eine Schnur. Verknüpft man ihre Enden und die aus dicken Stranges, an den sämmtliche Federn angereiht sind, so lässt sich der Fächer mantelförmig zusammenlegen und passt genau um die genannten Helme herum (Taf. IX. 7).

Das zweite Exemplar, sonst ganz ähnlich construirt, lässt sich nicht vollständig schliessen. Es besitzt aussen und innen eine doppelte Deckfederlage, was beweist, dass beide Seiten zur Geltung kommen sollen, kann somit schwerlich als Helmumkleidung gedient haben. Entweder wird es quer über den Kopf gebunden, oder es ist eine Vervollkommnung der unter 5. genannten Zopffederbüschel. Eine dritte Möglichkeit ist, dass beide Federfächer über den Nacken herabhängend getragen werden, ähnlich den la Guayana üblichen Federmänteln. Es würde dagegen nur die grosse Enge der Halsausschnitts sprechen. Eine definitive Entscheidung muss weiteren Ermittelungen überlassen bleiben.

Die gewöhnlichen Ohrzierrathe, die Rohrstäbchen, werden bei festlichem Schmuck durch zierliche Federrosetten (*Sokuma*) ersetzt (Taf. IX 10). Es sind runde aus concentrisch angeordneten rothen und gelben Federchen gebildete Scheiben an Rohrstielen, die in der Mitte ein Perlmutterplättchen mit schwarzem Kreuz oder einem Nagethierzahn tragen (vgl. Taf. III. 1).

Festarmbänder für den Oberarm (*deoHaná*) sind aus Unzen- oder Wildkatzenfell mit Büscheln aus Papagei- oder Reiherfedern geziert (Taf. IX. 9) oder es sind einfache an Baumwollschnüren befestigte Federquasten.

Nicht in der Sammlung vertreten und von mir auch nicht im Gebrauch gesehen sind Armbänder aus parallel aneinander gereihten Vogelknochen. Dieselben scheinen früher gebräuchlicher gewesen zu sein. Die Privatsammlungen von Dr. Leite Moraes und Sertorio in São Paulo, sowie das Museo nacional zu Rio besitzen deren eine ganze Anzahl.

Zum Tanzschmuck gehören noch die aus schwarzweiss gestreiftem starken Baumwollgeflecht gewirkten Gürtel *(natehani)* mit Federgehängen, die vielfach an den Enden noch Rasseln aus Theveti schalen tragen. Andere Gürtel sind ganz aus solchen zusammengesetzt (Taf. X. 8—10).

Fig. 9 Kamm

Um die Knie- oder Fussgelenke legt der Tänzer Binden, von denen einige in Rasseln und Federbüscheln auslaufende Strähnen herabhängen. Sie werden durch ein horizontales Holzstäbchen auseinandergehalten und sind bisweilen mit einer dichten Lage weisser Flaumfedern überzogen (Taf. X. 4).

Halsbänder sind in ihrer ursprünglichen Form nicht mehr zu sehen. Durchbohrte Thierzähne und Steine, Muschelscheiben etc. sind längst durch die massenhaft eingeführten Glasperlen verdrängt. Am meisten werden die weissen und schwarzen Perlen der in Goyaz überall verbreiteten billigen „Rosenkränze" geschätzt, die man aber in einer dem nationalen Geschmack entsprechenden Weise aufreiht. Eine ganze Reihe kurzer Schnüre umschliesst so eng als möglich den Hals (vgl. Taf. II. 2, III. 1). Von der untersten hängt eine Anzahl kleiner Kettchen herab, die an den Enden kleine Fruchtschalen oder Federbüschel tragen.

Kämme *(ỡrka)*, die einzigen aber viel gebrauchten Toilettengeräthe, werden in den verschiedensten Grössen angefertigt. Das grösste Exemplar der Sammlung ist 18 cm breit und 17 cm lang. Doch kommen auch doppelt so grosse Stücke vor. Eine convergirende Reihe scharfer Palmholz- oder

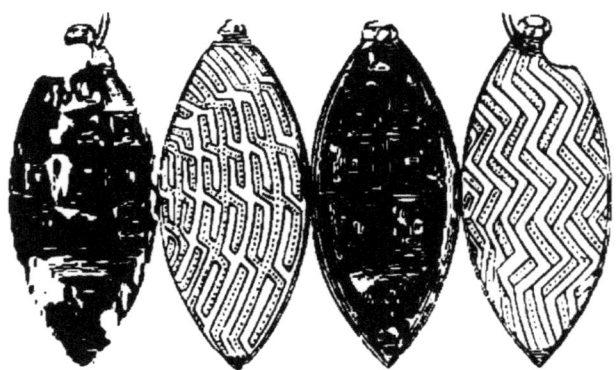

Fig. 10 Ornamente der Cuyengefässe. Taf. VIII 7 (¹/₃).

Taquaraspähne werden mittelst zweier Paare paralleler Querhölzer zusammengehalten. Zur Fixirung dient ein den Raum zwischen den letzteren durchziehendes Geflecht schwarzer oder weisser Baumwollfäden in verschiedenen Mustern. Bisweilen hängen von den beiden oberen Ecken kleine Federquasten herab (Fig. 9).

Musikalische Instrumente sind in der Sammlung nur durch eine Trompete *(adzurmi?)* vertreten (Taf. X. 7). Es ist eine grosse Cuyenschaale mit Oeffnungen an den beiden Enden. Als Mundstück steckt in einer derselben ein Taquararohr mit seitlichem Spalt. Ausserdem sind einfache Panslöten aus Taquara in Gebrauch.

Kunstthätigkeit. Die Ornamente der Karayá bestehen in Mustern aus Zickzacklinien, Kreuzen, Punkten, Rauten und eigenthümlichen unterbrochenen Mäandern, während Quadrate und Dreiecke nur zufällig (z. B. durch Ausfüllung anderer Figuren) vorkommen und Kreise gänzlich fehlen (Fig. 10).

Wie in der Ornamentik der Xingustämme liegen auch hier diesen anscheinend völlig willkürlich gewählten geometrischen Kombinationen ganz bestimmte concrete Vorlagen zu Grunde, deren am meisten charakteristische Merkmale darin stilisirt wiedergegeben sind.

Leider ist es nicht immer möglich, das betreffende Naturobjekt sicher zu ermitteln. Folgende Muster, deren Bedeutung festzustellen war, genügen indess zur Erläuterung.

Fig. 11. Kammmuster.

Die Rudermuster (Taf. VIII. 1—3) stellen sämmtlich Fische dar; ebenso die Federmosaik-Abzeichen einiger Tanzhelme (vergl. S. 36).

Das häufig vorkommende Kreuz (vgl. Fig. 16c u. Taf. VIII. 6), welches in Amerika so oft zu luftigen Hypothesen Veranlassung gab, ist hier nichts als eine Art Eidechse (*uoluda*).

Wer die grossen mit stumpfen Buckeln versehenen Wespennester der Campwaldungen gesehen, wird an dem Kammornament (Fig. 11a) dieses Merkmal sofort wieder erkennen.

Als besonders charakteristisch sind noch zu erwähnen die an den ausgebreiteten Flügeln kenntliche Fledermaus (*turekreki*, Fig. 11b), sowie die am häufigsten vorkommenden Schlangenmuster. So ist Fig. 11c die Klapperschlange (Crotalus horridus), Fig. 11e die Caninanha (Spilotes).

Andere Schlangen sind durch die Figg. 11d u. f repräsentirt.

Fig. 12.

Wirkliche Zeichnungen von Menschen und Thieren, wie wir sie von Buschmännern und Eskimos in so vortrefflicher Ausführung kennen, scheinen bei den Karaya nicht vorzukommen. Nirgends sahen wir die in den Sand gemalten oder in die Bäume eingeschnittenen mit wenigen Strichen treffend wiedergegebenen Darstellungen, wie sie bei den Bakairi und Mehinaku des oberen Xingu unsere Aufmerksamkeit so oft erregten.

Auch im Zeichnen mit dem Bleistift zeigten die Karaya sich ziemlich unbeholfen. In dem Fig. 12a dargestellten Fuss wird jeder eher einen Arm mit ausgestreckter Hand erblicken.

Von grösserem Geschick und richtiger Auffassung zeugt die topographische Skizze des Araguaya mit seinen Krümmungen und Inseln (Fig. 12b).

Von Holzschnitzereien besitzt die Sammlung leider nur wenige Stücke. Gerade die schönsten der schlittenartigen Schemel (*horila*) in stilisirter Thierform konnten nicht erworben werden. Doch ist auch das eine von den Kambios herrührende Exemplar von vorzüglicher Arbeit (Fig. 13).

Die beiden Köpfe, in welche die elegant geschwungene Sitzfläche ausläuft, waren ursprünglich mit Perlmutteraugen versehen.

Auch die in Südamerika sonst nur sehr vereinzelt vorkommenden Holzlöffel (*kalara*) sind bemerkenswerth. Das Stielende des grösseren Exemplars endigt in einen wohl erkennbaren Tukankopf (Fig. 14).

Die hervorragendste künstlerische Leistung der Karaya ist die plastische Wiedergabe menschlicher Gestalten in Wachs und ungebranntem Thon. Kleine Figuren (*lidoko*, Kinderpuppen?) werden den Reisenden in grossen Mengen angeboten. Ihre Ausführung zeugt trotz der etwas schablonenmässigen Art der Anfertigung von einem hohen Grad naiven Formensinns und treffliche Naturbeobachtung.

Fig. 13. Schemel in Thierform ca. ¼.

Die gelungensten Stücke sind in der richtigen Darstellung der Körperformen den besten Arbeiten der altamerikanischen Kulturvölker an die Seite zu setzen und übertreffen Alles, was sonst wilde Stämme, die Eskimo und Nordwestamerikaner ausgenommen, in dieser Beziehung leisten. Obwohl die Neigung vorherrscht, den unteren Extremitäten eine unnatürliche Dicke zu geben, so fehlt doch alles eigentlich Fratzenhafte.

Die Sammlung zählt 52 Exemplare, welche in ihren verschiedenen Typen die allmähliche Vervollkommnung dieser primitiven Kunstthätigkeit trefflich veranschaulichen.

Die einfachsten Figuren stellen an die Phantasie auch ziemliche Anforderungen. Der Indianer bildet an ihnen nur das nach, was ihm am wesentlichsten scheint, nämlich Mundöffnung und Nabel. Es sind einfach spindelförmige nur im unteren Abschnitt stärker verdickte Thongebilde mit Löchern, von denen das obere den Mund, das untere den Nabel vorstellt (Taf. XI. 1). Von jedem Loch gehen in Längsrichtung parallele Einschnitte aus. Eine etwas vollkommenere Form lässt schon den Thorax deutlich hervortreten. Bei männlichen Figuren sind die Arme als Stümpfe, sowie die Genitalien angedeutet, bei weiblichen die Brüste.

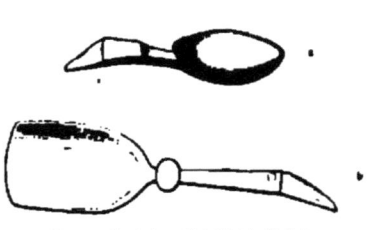

Fig. 14. Geschnitzte Holzlöffel ca. ½, b ½.

Die unteren Extremitäten sind nur kolbige Anschwellungen. Am Gesicht ist nur der Mund angegeben. Doch tragen die weiblichen Figuren schon die nationale Schmarre (Taf. XI. 2 u. 3).

Die weitere Vervollkommnung besteht in einem Aufsatz aus schwarzem Wachs, das Haar darstellend. Das Gesicht ist schon deutlich erkennbar. Stammestäto=irung und Körperbemalung sind nachgebildet (Taf. XI. 4 u. 5). Die Beine erscheinen immer noch als Stummel. Wahrscheinlich soll die knieende Stellung darin ausgedrückt werden. Hierher gehört die grösste der gesammelten Figuren von 24 cm Höhe, ohne Schürze. Das Gesicht ist schon deutlich modellirt, das Haar durch eine dünne Wachsauflage mit nach vorn herabhängenden Baumwollfranzen wiedergegeben, den Hals ziert eine Kette aus Ricinuskörnern und durchbohrten Schneckenschalen mit schwarzer Quaste (Taf. XI. 6).

Endlich haben wir vollständig ausgearbeitete Figuren (nur bei den Bambius erhalten). Gesicht und Körper sind völlig naturwahr nachgebildet, die Arme über den Bauch zusammengelegt. Das Wachshaar fällt hinten lang herab. Strichbemalung bedeckt Brust und Glieder. Einige sind mit Ohrstäbchen und Halsketten versehen, andere mit kleinen "Federn". Leider sind Beine und Gesäss bei fast allen von unnatürlicher Dicke Taf. XI. 7). Eine schwarze Wachsfigur, das vollkommenste Stück der Sammlung, zeigt indess durchaus proportionirte Bildung (Taf. XI. 9). Während alle Figuren dieser Art die Schürze tragen, sind andere aus grauem Thon ohne dieselbe. Ihnen fehlt auch das Haar, dagegen tragen sie auf dem Rücken einen gleichfalls aus Thon gebildeten Tragkorb. Die Arme sind gegen die Brust adducirt (Taf. XI. 8). Die männlichen Figuren dieser Kategorie sind unverhältnissmässig lang und schmal im Oberkörper, mit fast kugligen Unterschenkeln. Haar und Genitalien sind aus Wachs. In den Ohren stecken Stäbchen, Glasperlstiften umgeben den Hals Taf. XI. 10.

Sehr roh, aber in der Ausführung nicht ohne einen gewissen Humor sind die aus Wachsklumpchen gebildeten Carricaturen brasilianischer Soldaten, deren Uniform durch aufgeklebte blaue und rothe Zeuglappen angedeutet ist.

Sociales Leben, Recht und Sitte.

Die gesellschaftlichen Einrichtungen der Karaya können vorläufig nur erst fragmentarisch behandelt werden. Doch vermag das Wenige, was von mir selbst beobachtet oder unter Vermittelung meines Begleiters und wichtigsten Gewährsmannes, des alten Häuptlings Pedro Manco erkundet wurde, wenigstens für weitere Forschungen Anhaltspunkte zu geben.

Die Bemerkung, mit der Im Thurn seine Besprechung des socialen Lebens der Guayanastämme einleitet: „The Indian in his natural state, before he feels the influence of white man is of decidedly admirable morality", trifft im vollen Umfange auch für die Karaya zu. Diese natürliche von Religionsanschauungen völlig unabhängige Moralität macht die Existenz eines primitiven Gemeinwesens wie des ihren erst möglich. Sie äussert sich in der peinlichen Beobachtung der Gebote des äusseren Anstandes [1], die selbst dem flüchtigen Besucher nicht entgeht, vor Allem aber in der musterhaften Führung des Familienlebens. Die Festigkeit der Familienbande, die selbst Martius, seine Beobachtungen bei demoralisirten Stämmen vorschnell verallgemeinernd, den Amerikanern überhaupt absprach, hat diesem Volke recht eigentlich den sittlichen Halt gegeben, der bis heute trotz hundertjähriger Berührung mit der Kultur, seinen Verfall verhindert hat und hoffentlich noch lange hintenanhalten wird.

Die Familie der Karaya scheint ihrer Form nach „Mutterfamilie" zu sein. Hierfür sprechen folgende Thatsachen:

1. Der verheirathete Mann isst nicht mit seiner Familie zusammen, sondern mit der seiner verheiratheten Schwester. Er wird also danach als Mitglied der schwesterlichen Familie betrachtet.

2. Ebenso erhält er bei Vertheilung der Jagdbeute seinen Antheil nicht im eignen Hause, sondern in dem seiner Schwester.

3. Für die Kinder eines Wittwers sorgen dessen Schwiegereltern, während er selbst wieder in die Reihe der Junggesellen tritt.

4. Die Verbindung von Karayaweibern mit Fremden ist nur gestattet, wenn letztere sich in den Stamm aufnehmen lassen und in dem betreffenden Dorfe dauernden Wohnsitz nehmen, ein Fall, der noch zu Castelnaus Zeit nicht gar selten war, heute jedoch kaum mehr vorkommen dürfte.

Obwohl naturgemäss der Mann als Oberhaupt der Familie vorsteht, ist die Stellung der Frau doch eine durchaus würdige. Von einer Degradation des Weibes zum Lastthier, wie man sie nach Analogie der nordamerikanischen Stämme allen Indianern schlechthin andichtete, findet sich keine Spur. Gewisse Arbeiten freilich sind ausschliesslich Sache der Weiber und unermüdlich sind sie in Erfüllung ihrer mannigfachen Pflichten. Aber auch der Mann hat sein Theil zu leisten. Seine Frau steht durchaus ebenbürtig neben ihm, er vollführt nichts Wichtiges ohne ihren Rath. Auch der Häuptling theilt seine Würde mit seiner Gemahlin. Misshandlungen der Frauen sind unerhört.

Monogamie ist das gewöhnliche. Indessen ist der Mann nicht selten genöthigt, eine zweite Frau zu nehmen, wenn die erste zu alt wird. Es ist dies bedingt durch die eigenthümliche, wie es scheint, bei allen südamerikanischen Stämmen [2] verbreitete Sitte, dass die jungen Männer die älteren, die alten Männer die jüngeren Weiber freien. Der verhältnissmässig geringe Kindersegen mag hierauf zurückzuführen sein.

Künstlicher Abortus kommt vor, jedoch nur auf Verlangen des Mannes. Er wird durch Zusammenpressen des Uterus mit den Händen herbeigeführt und soll nicht selten Todesfälle verursachen.

Vertragen sich die Eheleute nicht, so ist es dem Manne gestattet, sein Weib gegen das eines anderen auszutauschen. Wer seine Frau verstösst, darf nicht wieder heirathen, kann jedoch eine Haushälterin annehmen.

Ein ehebrecherisches Weib straft der Mann selbst durch Schläge oder Brennen mit glimmenden Holzscheiten. Bisweilen [3] soll die Schuldige selbst dem Feuertode verfallen.

Ehebruch seitens des Mannes wird von den nächsten Verwandten der Frau gerächt.

Ueberall tritt in der gesellschaftlichen Ordnung der Karaya das Bestreben hervor, den Frieden des Familienlebens vor jeder Störung zu bewahren. Die jungen Leute stehen deshalb unter strenger Zucht. Jungfräulichkeit wird hoch geachtet und geschützt [4], ausserehelicher Verkehr der Geschlechter mit strengen Strafen, unter Umständen mit dem Tode geahndet. Doch werden solchen Verhältnissen entsprungene Kinder, nicht wie sonst bei Naturvölkern gleichfalls getödtet, vielmehr wie andere Waisen dem Häuptling zur Fürsorge überwiesen.

---

[1] Von culturhistorischem Interesse und bezeichnend für das Anstandsgefühl dieser Wilden ist die Art ihrer Defäcation. Dieselbe geschieht möglichst weit abseits vom Dorfe. Es wird ein Loch in den Sand gemacht. Das Individuum setzt sich mit ausgestreckten Beinen darauf, den Oberkörper hinter einer kleinen Matte verbergend. Die Excremente werden stets sorgfältig vergraben.

[2] vgl. Im Thurn a. a. O. p. 221.

[3] Couto Magalhães, Selvagem p. 116.

[4] Couto Magalhães, Peterm. Mitth. 1876, p. 272.

Die ledigen Personen, schon äusserlich durch die oben erwähnten Baumwollbinden von den Verheiratheten unterschieden, sind nicht verpflichtet, selbst ihren Unterhalt zu beschaffen, werden vielmehr von der Gemeinde unterhalten. Junggesellen und Wittwer leben dabei in einer besonderen Hütte beisammen und betheiligen sich selbst an Jagdzügen nur, wenn es ihnen beliebt. Ebenso sind unverheirathete und verwittwete Frauen der Sorge für sich überhoben. Sie wohnen im Hause eines ihrer nächsten Verwandten.

Einer Mittheilung Couto Magelhães' zufolge scheinen die letzteren einige Freiheit im Verkehr mit ledigen Männern zu haben: „Es giebt in den Karayadörfern Männer, dazu bestimmt, viri viduarum zu sein. Diese Leute haben sonst keine Beschäftigung, sie werden vom Stamm unterhalten und unterziehen sich nicht wie die andern den Mühseligkeiten langer Wanderungen und Streifzüge. Auf meine Bemerkung, es scheine mir nicht recht, dass die Gemeinde sich mit dem Unterhalt dieser Leute befasse, erwiderte der Häuptling Koinama: der Frieden, den die Familien dadurch geniessen, wiege bei weitem die Mühe auf, welche man auf ihren Unterhalt verwende." (Selvagem p. 116.)

Im Uebrigen sind ledige Männer, welche sich dem weiblichen Geschlecht zuwenden wollen, auf den Verkehr mit den gefangenen in Halbsclaverei gehaltenen Kayapofrauen angewiesen, deren bei den Šambioá wenigstens jedes Dorf einige beherbergt. Dieselben gelten als Allgemeingut, werden auch den Schiffsmannschaften trotz ihres meist höchst abschreckenden Aeusseren zugeführt. Leider sieht man aber auch Kinder zu ähnlichem Zweck verwandt. Hier zeigt sich deutlich der Dualismus in der Ethik der Wilden, deren Moralgesetze nur den eigenen Stammesgenossen gegenüber gelten. Diese allen Naturvölkern gemeinsame Anschauung vermag deshalb nicht unser Urtheil über die Moralität der Karaya im Allgemeinen zu ändern. Wenn Castelnau dieselbe bezweifelt, indem er sagt: „Ce fait (die strenge Bestrafung eines sittlichen Vergehens) est peu d'accord avec les offres qui étaient fait continuellement à nos gens" (Hist. du voyage I. p. 446), so übersieht er, dass diese „offres" sich nicht auf die eigenen, sondern auf fremde Weiber bezogen.

Auch die Behandlung der Kinder ist bei allem Mangel an äusseren Zeichen der Zärtlichkeit, die bei Indianern überhaupt vermisst werden, eine durchaus liebevolle.

Die kleineren werden von den Müttern fortwährend herumgetragen und mit unermüdlicher Sorgfalt gepflegt, mit Zierrathen behängt und bemalt u. s. w. Sie werden ausserordentlich lange gesäugt.

Aeltere Kinder sind ganz sich selbst überlassen, zeigen aber trotzdem einen natürlichen Anstand und eine Bescheidenheit im Benehmen, wie es die viel erzogenen Sprösslinge der Kulturmenschheit nur allzuoft vermissen lassen. Dass Kinder an die Ansiedler verhandelt werden, wie es leider in anderen Gegenden Brasiliens, namentlich am Amazonas noch vielfach geschieht, wäre bei den Karaya unerhört. Vergeblich bemühte man sich bei der Gründung des Collegio Izabel bei Leopoldina, welches den Zweck hatte, junge Indianer zu erziehen und später als Kolonisten anzusiedeln, Karayakinder für dasselbe zu gewinnen. Seitdem man vor Jahren sich einmal hatte verleiten lassen, solche anzulocken und gewaltsam zu entführen, ergreift beim Nahen eines Bootes in der Regel das ganze junge Volk die Flucht und ist nur mit vielen Schwierigkeiten zur Rückkehr zu bewegen.

Die Thatsache, dass die an den Grabpfählen (s. S. 31) angebrachten Thierornamente, Abzeichen der betreffenden Familie oder eines weiteren Geschlechtsgenossenverbandes sind, deutet auf das Bestehen von Totemismus bezw. Klanbildung. Genaueres ist zwar hierüber nicht bekannt, doch dürfte das von Im Thurn[1] für die Arawak ermittelte Familiensystem auch für die bei den Karaya herrschenden Verhältnisse Geltung haben.

Die aus solchen Familienverbänden zusammengesetzten Dorfgemeinden, deren jede einen besonderen Namen führt, erscheinen schon ganz als Gaugenossenschaften.[2] Das Ackerland gehört der Gesammtheit und wird gemeinsam bestellt. Jagd und Fischzüge werden ebenfalls gemeinsam unternommen und die Erträge an Beute, Feldfrüchten u. s. w. unter die Familien vertheilt. Alle diese communalen Thätigkeiten und Leistungen überwacht der Häuptling. Er wird von der Gemeinde unterhalten, das Eigenthum aller Stammesgenossen gehört auch ihm.[3] Dagegen hat er die Pflicht, Waisenkinder, namentlich die Söhne im Kriege gefallener an Kindesstatt anzunehmen. Die persönlichen Eigenschaften, denen er heutzutage seine Würde verdankt, sind weniger kriegerische Tüchtigkeit,

---

[1] Im Thurn a. a. O. p. 175.
[2] Post, Stud. z. Entw. d. Familienrechts p. 83.
[3] Couto Magelhães, Petern. Mitth. 1876 p. 121

als die im Verkehr mit den Weissen nöthige Gewandtheit, Erfahrung und Sprachkenntniss. So können selbst in den Stamm aufgenommene Kriegsgefangene, die sich hierin auszeichnen, zu dieser Stellung gelangen.

Der Häuptling organisirt die Kriegs- und Jagdzüge, er bestimmt die Lagerplätze und Pflanzungsstellen und theilt nach Niederbrennen des betreffenden Waldstreifens (Roça) den einzelnen Familien ihre Ackerantheile zu, die durch Pfähle abgegrenzt werden.

Bedeutend ist seine Wirksamkeit in der Rechtspflege. Bei Streitigkeiten zwischen Männern fungirt er als Schiedsrichter, während seine Gattin die der Frauen entscheidet. Sein Amt ist es, Verbrecher zur Rechenschaft zu ziehen, doch kommt ihm die Strafvollstreckung nicht zu, welche nach indianischem Vergeltungsrecht Sache der geschädigten Partei ist. Mord oder Körperverletzung wird deshalb ohne Weiteres von den Verwandten des Opfers gerächt.

Wird dem Häuptling ein Diebstahl angezeigt, so fordert er durch lautes Ausrufen mitten im Dorf den Thäter zur Rückgabe des Gestohlenen auf. Meist wird dem Folge geleistet und das Objekt einfach heimlich wieder an seinen Ort gelegt, womit die Sache erledigt ist.

Andernfalls hat der Häuptling das Recht, die Hütten durchsuchen zu lassen. Dem Verdächtigen wird irgend ein Gegenstand als Pfand abgenommen, bis das Corpus delicti ausgeliefert ist. Wird der Dieb ermittelt, so überlässt man es dem Bestohlenen, sich an ihm schadlos zu halten.

Füllt der Häuptling seine Stellung nicht aus oder kann sich sonst die Gemeinde nicht mit ihm vertragen, so verlässt man ihn einfach und wählt einen neuen.

Eheschliessung. Der junge Mann theilt den Eltern der Erwählten seine Absicht mit, diese befragen ihre Tochter um ihre Zustimmung. Nach Couto Magelhães findet ein förmliches Aufgebot vor versammelter Gemeinde statt. Nunmehr übergiebt der Bräutigam der Braut seine Waffen zur Aufbewahrung, führt dieselbe dann in das Haus eines seiner nächsten Verwandten, da er als Junggeselle noch kein eignes besitzt. Vier Nächte hindurch schlafen die beiden auf einer Matte, aber durch einen weiten Zwischenraum getrennt, ohne dass eine Annäherung gestattet ist. Am fünften Tage wird die Braut ins Vaterhaus zurückgebracht, woselbst sie dem Bräutigam seine Waffen wieder aushändigt. Zum Zeichen, dass er fähig ist, eine Familie zu versorgen, geht der junge Ehemann einige Tage jagen und kehrt erst mit erlegter Beute zurück.[1]) Ein Trinkgelage, welches die Eltern der Braut ausrichten, beschliesst das Ganze. Nun erst ist der intimere Verkehr beider Gatten erlaubt.[2]) Zunächst folgt die Errichtung eines eigenen Heims.

Geburt. Das Weib kniet dabei auf den Hacken, mit den Händen einen Pfosten umfassend, während der Mann sie von hinten mit starkem Druck um den Leib packt. Ist das Kind zur Welt, so wird die Nachgeburt ruhig abgewartet, sodann der Nabelstrang comprimirt und etwa drei Zoll vom Körper mit einem scharfen Taquaraspahn durchschnitten. Das darin enthaltene Blut wird sorgfältig ausgepresst, „um den Starrkrampf zu verhindern", und als Styptcum heisse Asche und Pulver aus geiossenen Piranhazähnen auf die Wundfläche gestreut. Da keine Unterbindung angewendet wird, so ist es nicht selten, dass das Kind sich verblutet. Das Neugeborene wird, mit Urucuroth bestrichen, in einen breiten Jangadabaststreifen fest eingewickelt und in eine an Schnüren befestigte „rede" gelegt s. S. 12). Drei Tage lang halten dann beide Ehegatten strenge Diät. Um den Uterus zur Contraction zu bringen, legt sich die Frau auf den Rücken und lässt sich durch den neben ihr sitzenden Mann oder andere ihn ablösende Personen den Leib ein paar Stunden zusammenpressen. Einige Monate nach der Geburt erhält das Kind die oben genannten Baumwollbinden.

Im Alter von sechs bis sieben Jahren durchbohrt man den Mädchen die Ohrläppchen, den Knaben auch die Unterlippe. Es versammelt sich dazu die ganze Gemeinde. In der Mitte eines grossen Kreises sitzt das Kind auf einem mit Ararafedern gezierten Schemel. Einer der Verwandten perforirt ihm die Ohren mit Stacheln der Tucumpalme, die Unterlippe mittels eines zugespitzten Affenknochens. Die Männer stehen dabei herum und singen ein Lied mit der Schlussstrophe: *idioha ha haä, ha haä udinha* d. h. jetzt ist es geschehen!

---

[1] Ob die Kraftprobe durch Schleppen eines schweren Palmholzblockes, wie sie bei einigen Gesittämmen verlangt wird, auch bei den Karaya vorkommt, ist zweifelhaft.

[2] Karayae cum mulieribus more indigenarum Australiae concumbunt. Vir pedibus extensis humi sedet et mulierem supinam ante se jacentem intrum attrahit, manci natibus suis supponens. cf. Miclucho Maclay, Verhandl. d. berl. Ges. f. Anthr. 1881. p. 87.

Die Wundlöcher werden durch eingeführte oft gewechselte Baumwollfäden offen gehalten. Der Patient muss einen Tag lang fasten und darf einige Zeit nur flüssige Nahrung zu sich nehmen. Die ganze Nachbehandlung leitet ein darin erfahrenes älteres Weib.

Die Knaben tragen von jetzt ab die T förmigen Lippenzierrathe aus Perlmutter, später erst die Piuvaholzpflöcke. Den Mädchen wird bei dieser Gelegenheit die Rastschürze der Weiber angelegt.

Beim Eintritt in die Pubertät erhalten unter ähnlichen Ceremonien die jungen Leute beiderlei Geschlechts die Stammestätowirung. Man markirt mittelst eines Stempels aus einem Cuyenstück *(telia)* auf beiden Wangen den Umriss des Kreises. Die Stelle wird dann mit einem scharfen Steinchen ausgeschnitten und Baumwollcharpie in die Wunde gelegt. Nach Stillung der Blutung bewirkt eingeriebener Genipaposaft die Blaufärbung der Narbe.

Das erste Erscheinen der Periode wird nicht durch besondere Ceremonien gefeiert. Das menstruirende Weib gilt für unrein und muss während dieser Zeit von den Uebrigen gesondert wohnen. Sie darf nicht baden, sondern wird von anderen Weibern aus einer eigens dazu bestimmten Cuyenschale gewaschen.

Spiel und Tanz. Schon frühzeitig ahmen die Kinder die Thätigkeiten der Erwachsenen nach. Die Knaben üben sich im Bogenschiessen und Fischen, die Mädchen gehen den Müttern baldmöglichst im Haushalt zur Hand. Als Kinderspielzeug sind die Thonfiguren bereits erwähnt. Auch kleine Kreisel *(kohtwa,* Fig. 15), Kanus und Ruder, Kochgeschirre u. s. w. sind in der Sammlung vertreten.

Beliebte Spiele auch der Erwachsenen sind der Federball aus Maiskolben mit ringförmiger Einlage, ferner das bekanntlich auch in Nordamerika häufige, neuerdings von Boas bei den Eskimo beschriebene „game of cats cradle", von Hand zu Hand durch die Finger gezogene Schnüre, deren wechselnde Anordnung bestimmte Thierfiguren darstellt.

Fig. 15.
Kreisel (½).

In schönen Mondnächten üben sich auf den Praias die jungen Leute im Ringkampf. Der Griff dabei ist ganz der bei uns übliche. Es kommt hauptsächlich darauf an, den Gegner durch Beinstellen zu Falle bringen, wobei selbst anscheinend schwächliche Individuen eine erstaunliche Gewandtheit entwickeln.

Einige Tänze sind bereits von Castelnau beschrieben worden. Ich selbst hatte auf dem dritten Sambioadorfe Gelegenheit, einem Kriegstanze beizuwohnen. Es nahmen acht federgeschmückte, mit Speeren, Keulen und Bogen bewaffnete Männer unter Leitung eines Vortänzers, den sie im Halbkreis umgaben, daran Theil. Die Tänzer bewegten sich dabei nur wenig von der Stelle, höchstens ein paar Schritte vor- und rückwärts. Schnelles Hüpfen auf einem Bein, kunstgerechtes, taktmässiges Schwenken der Waffen bildeten die Hauptaction. Alles wurde mit grösster Präcision ausgeführt. Dieser Tanz soll den Kayapo entlehnt sein.

Leichenfeier und Begräbniss. Beim Tode eines Karaya werden unter lautem Klagegeheul der Verwandten alle Gegenstände seines täglichen Gebrauchs, Waffen, Schmucksachen u. s. w. verbrannt, das übrige unter die, welche ihn beerdigen, vertheilt. Die Leidtragenden bringen sich Schnittwunden bei und scheeren sich das Haar.

Demnächst folgt der Todtentanz um die Leiche [1], welche mit Urucu gefärbt und in Matten eingehüllt an einer horizontalen Stange aufgehängt ist.

Unter Leitung zweier Vorsänger, die von Zeit zu Zeit abgelöst werden, geht der Reigen im Kreise herum, wobei die Theilnehmer die Finger übereinander geschoben halten. Der Gesang dabei ist eine Art Wechselrede. Der Chor fragt den Todten, wo er sei und wie es ihm gehe, einer der Vorsänger antwortet für ihn.

Eine solche Strophe konnte wenigstens dem Sinne nach in Uebersetzung wiedergegeben werden. Chor: *dioiri kmiko — kidkoko* (4—5 mal wiederholt) *otokomiko — kudta krkmiko,* d. h.: Er lebt nicht mehr, es ist aus mit ihm, denn nicht mehr an ihn, er hängt an der Stange *(kud:t),*

Der Todte: *romiro nira — kröi waidza uaniro kioko nero — sidtodta kinori,* d. h.: Ich bin in einem schönen Lande, bringt mir Tabak *(koti),* habt Ihr mir den Lippenpflock angelegt? Ferner: Es fehlt mir nichts, aber bringt Wasser zum Grabe u. s. w.

Der Chor wiederholt dazwischen immer wieder das dumpfe: *haidla ha ha häh — ha häh — ha häh,* d. h.: Es ist alles vorbei.

---

[1] Nicht selten beginnen die Feierlichkeiten ehe der Tod wirklich eingetreten ist.

Die Beerdigung findet am nächsten oder, wenn der Tod in der Frühe eintrat, am Abend desselben Tages statt. Die Feierlichkeiten, Gesänge und Tänze werden dann noch drei bis vier Tage lang fortgesetzt, während welcher Zeit jede Arbeit ruht.

Die Begräbnissplätze liegen stets dicht am Fluss auf erhöhtem Terrain. Zwei derselben, der eine bei S. José, der andere etwas oberhalb der Mündung des Rio das Mortes auf dem rechten Ufer, wurden von mir genauer untersucht und einige Skelette exhumirt.

Das Grab (Fig. 16a—d) ist eine rechteckige 2 m lange, 1 m breite und 50—70 cm tiefe Grube, über welche in der Längsrichtung einige Stangen gelegt sind. An der mittelsten ist die von Buritimatten umhüllte Leiche in horizontaler Lage freischwebend aufgehängt¹) (a). Ein mit Speisen gefülltes

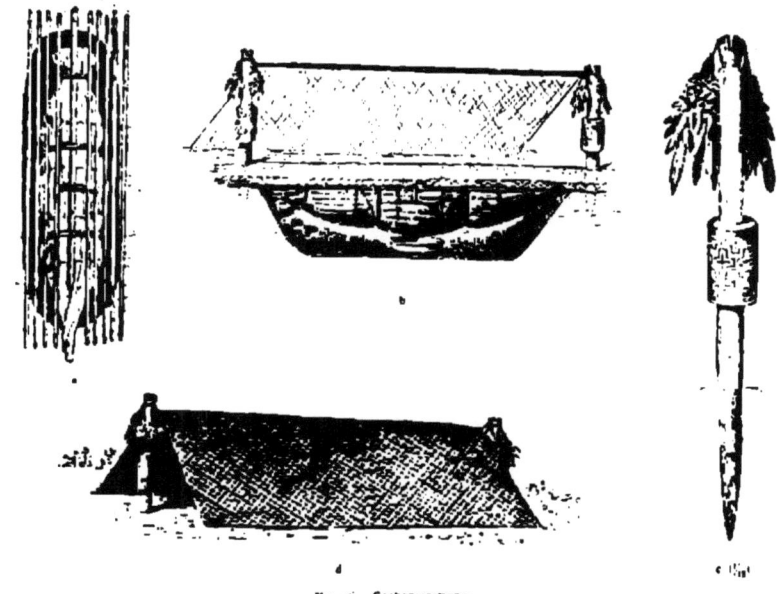

Fig. 16. Grabausstattung

Gefäss steht unter ihr auf dem Boden. Die Grube ist mit einer Matte bedeckt, über der noch eine fusshohe Erdschicht liegt (b).

Die äussere Ausstattung des Grabes soll offenbar ein Haus darstellen. Zwei 1½ m hohe an der kurzen gegabelten Spitze mit lang herabhängenden Federbändern verzierte Pfähle (d) werden am Kopf- und Fussende des Grabes aufgepflanzt, um die „Thiere", d. h. jedenfalls die Dämonen (die *kranemu* Guayanas) fernzuhalten. Die trommelartige Verdickung im Mittelstücke des Pfahles trägt das eingravirte oder durch Federmosaik angedeutete Familienabzeichen des Verstorbenen. Eins der vorliegenden Exemplare (c) zeigt das Kreuzornament der Eidechse (*hadami*). Das Federmuster der beiden andern ist leider unkenntlich.

Beide Pfähle sind durch eine Schnur verbunden, über die zwei Buritimatten dachartig aus-

---

¹) Castelnau's Angabe a.a.O. I. p. 446, wonach der Todte vertikal im Grabe steht (la tête fait une saillie au dessus du sol) beruht wohl auf einer Verwechselung mit der bei den Kayapo gebräuchlichen Beerdigungsweise in hockender Stellung.

gebreitet sind (d. Unter dieses Zeit stellt man eine Cuye mit Speise und Trank für die Seele, welche die erste Zeit nach der Beerdigung in der Nahe des Grabes verweilt.

Auf Wunsch der Hinterbliebenen werden die Gebeine später wieder ausgegraben und in freistehenden flachen Thongefässen neben dem Grabe beigesetzt.

Das Andenken Verstorbener schwindet nicht so bald. Noch lange nach dem Tode eines Familienmitglieds giebt die Anhänglichkeit der Verwandten in stürmischen Ausbrüchen des Schmerzes sich kund, wenn die Erinnerung an den Todten durch irgend ein Ereigniss wachgerufen wird. Stiessen wir beim Durchmustern der Vorrathskörbe in den Häusern auf Gegenstände aus dem Nachlass dahingeschiedener Gatten oder Kinder, so brachen die Weiber sofort in ein lautes Klagegeschrei aus, das sich erst legte, wenn man das betreffende Object wieder verbarg.

Auf dem letzten Dorfe der Sambios war ich Zeuge einer ebenso eigenartigen als ergreifenden Trauerscene, als die Nachricht eintraf, dass ein Karaya in Para, wohin er ein Boot als angeworbener Ruderer begleitet hatte, gestorben sei. Die Mutter und die Frau desselben schritten zwei Tage lang unter lautem feierlichem Trauergesang am Ufer auf und nieder, in den Händen Schmuckgeräthe des Beweinten haltend und unablässig damit stromabwärts winkend, wohin er entschwunden war.

Die Klagelieder wurden unter Begleitung anderer Weiber bis tief in die Nacht hinein fortgesetzt.

Krankheiten und Zauberärzte.

Von den schlimmsten Geisseln der Naturvölker, den Pocken und der Lues, sind die Karaya bis jetzt so ziemlich verschont geblieben, ebensowenig sind sie der bei der Bevölkerung von Goyaz so verbreiteten Lepra und Kropfkrankheit unterworfen. Hingegen ist bei den Karayahi die Tuberculose, deren Ansteckungsfähigkeit den Indianern wohl bekannt ist, in steter Zunahme begriffen. Ahi catarrho naõ tem? Giebt es auch keinen Catarrh? ist stets die erste Frage, die sie an den fremden Besucher richten, ehe sie das Betreten ihrer Hütten gestatten. Malariafieber kommen in intensiverer Form ebenfalls nur im Gebiete der Karayahi vor, namentlich in den Niederungen zwischen São José und der Mündung des Rio das Mortes.

Arzneistoffe werden, wie es scheint, von den wilden Stämmen Südamerikas in weit geringerem Maasse angewendet, als man gemeinhin annimmt. Da jede Krankheit als ein Werk feindlicher Zauberer oder Dämonen betrachtet wird, so verlässt man sich mehr auf den Gegenzauber des eigenen „Medizinmannes", der durch Saugen an dem leidenden Körpertheil den Giftstoff entfernt oder mittelst der Zauberrassel die bösen Geister verscheucht.

Eins der beliebtesten Medikamente der Karaya ist das Harz der Almecegeira (Hedwigia balsamifera), welches mit Cocosöl angerührt als Riechessenz gegen Kopfschmerz und äusserlich gegen Leibweh verwendet wird (*undüura*).

Fig. 17. Scarifications-Instrument ⅓.

In der Chirurgie wissen die Wilden schon besser Bescheid. Sie kennen den Aderlass aus der Stirnvene, die Blutstillung durch Abbinden des verletzten Gliedes, streuen auf Wunden ganz rationell Kohlenpulver auf, legen an gebrochene Glieder Schienenverbände an und entwickeln eine grosse Geschicklichkeit im Ausziehen von Dornen mittelst scharfer Fischzähnchen.

Die aus Nordamerika und Ecuador bekannte Sitte, durch künstlich erregtes Erbrechen des Morgens den Magen zu entleeren, findet sich auch hier. Es geschieht dies mittelst angekohlter Taquarastücke (*udziua*), welche in den Schlund eingeführt werden bis die Wirkung erfolgt.

Das wichtigste medizinische Instrument ist der Scarificationsapparat (*i-kuru*). Er besteht aus einem drei- oder viereckigen Stückchen Cuyenschale, dessen eine Fläche mit einer centimeterdicken Wachs- oder Harzschicht beschwert ist, während der andere eine Reihe scharfer Fischzähnchen trägt (Fig. 17).

Solche Schröpfer werden paarweise aufbewahrt, indem die convexe Kratzfläche des einen auf der concaven des anderen liegt. Die Zähnchen schützt man durch dazwischen gestopfte Baumwolle.

Während der Patient sich krampfhaft an einen Pfahl festklammert, drückt man ihm die Spitzchen tief in die Haut des leidenden Körpertheils ein und ritzt dieselbe mit raschen Zügen nach verschiedenen Richtungen hin auf. Das Blut wird mit Palmblattstreifen abgekratzt, die Wunden im Bade mit Sand abgerieben. Nicht selten soll zur Erhöhung der ableitenden Wirkung gestossener Pfeffer aufgelegt werden.

Auch ohne dass ein besonderes Leiden vorliegt, macht man derartige Blutentziehungen von Zeit zu Zeit an Armen und Beinen, „um die Muskelkraft zu stärken".

Die allen Naturvölkern gemeinsame Anschauung, dass Krankheit wie Tod etwas höchst Unnatürliches ist und nur durch Einwirkung feindlicher Mächte zu Stande kommt, welche allein der Zauberarzt zu bannen versteht, ist bei den Stämmen Südamerikas in so durchaus gleichartiger Weise herrschend, dass Alles, was von einem Volke darüber bekannt ist, auch ohne Weiteres für die übrigen gilt. Es sei hierüber nur auf die lichtvolle, erschöpfende Darstellung im Thurn [1] verwiesen, der kaum etwas hinzuzufügen ist.

Bei den Karaya bilden der Stand der Zauberärzte *(kuhotxhodu*, nach Spinola *hori*), deren jedes Dorf mehrere besitzt, ebensowenig eine festgeschlossene Kaste als bei den Xingustämmen.

Zauberer kann jeder werden, der sich den dazu nothwendigen Kasteiungen unterzieht. Nervös angelegte Individuen, Epileptiker u. s. w. sind natürlich besonders dazu geeignet. Selbst Frauen können zu dieser Würde gelangen.

Wir hatten keine Gelegenheit, den Medizinmann bei der Krankenbehandlung zu beobachten, wohl aber in seiner nicht minder wichtigen Thätigkeit als Regenbeschwörer. Er trat feierlichen Schritts vor die Hütte, in der einen Hand die Tabakspfeife, in der andern eine lange, an der Spitze mit Hochemstacheln besteckte Ruthe haltend. Das Gesicht zum Himmel gewandt, stiess er mit lauter Stimme unarticulirte Töne aus, blies einmal über das andere Rauch gegen die Wolken, murmelte dann, seinen Stab um den Kopf schwingend, mit unglaublicher Zungenfertigkeit unverständliche Worte und führte endlich mit grimmiger Geberde unter dem Rufe: *awhute!* zerstreut euch! Stösse nach den vier Himmelsgegenden. Es ist also ganz dasselbe Verfahren, das Boas bei den Central-Eskimo beobachtete. [2] Kommt der Regen trotzdem hernieder, so zerkaut der Beschwörer eine Wurzel und speit die Stücke in die Luft, natürlich erst wenn das Unwetter seinem Ende sich nähert.

Will der Zauberer einem Abwesenden Schaden zufügen, so schiesst er mittelst eines kleinen Bogens *libato* einen Pfeil, der an der Spitze zwei Schlangenzähne trägt, in der Richtung ab, in der er sein Opfer vermuthet. Letzteres wird dann von unheilbarem Siechthum befallen.

Animismus. Maskentänze.

So wenig im Einzelnen über die Religionsanschauungen der Karaya bekannt ist, so lässt sich doch bereits soviel feststellen, dass die animistische Weltanschauung als niedrigste Form religiösen Lebens sich bei ihnen in ganz derselben Weise äussert, wie bei andern besser studierten südamerikanischen Stämmen.

Auch ihnen sind die Erscheinungen des Halblebens im Schlafe, das Erlöschen aller vitalen Thätigkeit im Tode, ferner Träume und Visionen ein Beweis für das Vorhandensein einer vom materiellen Substrat getrennten Geisterwelt, in der jedes menschliche wie thierische Individuum, die sich nach indianischer Auffassung ja nur in ihrer körperlichen Form unterscheiden, sein immaterielles Scheinbild hat.

Aus Erfahrung wissen sie, dass im Traume der Geist den Körper des Schlafenden verlässt, um umherzuschweifen, mit andern Personen oder andern Geistern in Verkehr zu treten, sie wissen ferner, sei es auch nur durch suggestive Beeinflussung, dass ihre Zauberärzte, mit höheren Kräften begabt, sich willkürlich in einen Schlafzustand versetzen können, in welchem ihre Seele Verborgenes ergründet, in Thiere einfährt, um als „Wehrwolf" Feinde zu schrecken und zu schädigen, kurz alle jene Dinge ausführt, durch die sich der Schamanismus allenthalben in gleichmässig wiederkehrender Weise seinen Einfluss zu sichern weiss.

[1] Im Thurn a. a. O. p. 344 ff.
[2] Petermann's Mitth. 1887, p 309

Die Seelen der Verstorbenen, welche, wie oben erwähnt, in der ersten Zeit in der Nähe des Grabes verweilend gedacht werden, kehren später gern zu ihrer früheren Behausung zurück. Ihren Verwandten erscheinen sie vorzüglich in Gewitternächten. Wenn der Regen prasselnd herabströmt, Blitze das Dunkel erhellen, gedenken die Alten ihrer verstorbenen Angehörigen und suchen durch lautes Klagegeheul und Gesang sich in einen Zustand künstlicher Exstase zu versetzen, der ihrer erregten Phantasie schliesslich jedes erwünschte Phantom vorzaubert.

Diese animistische „Religion", wenn man sie so nennen will, entbehrt noch jeder ethischen Grundlage. Noch hat sie sich nicht zur Annahme eines höheren alles beherrschenden Geistes aufgeschwungen, von dem der Mensch sich in Erwartung von Lohn und Strafe für seine Handlungen abhängig fühlt. So fehlt denn auch alles, was die äusseren Beziehungen des Menschen zur Gottheit andeutet, Idole, Kultushandlungen, Gebete u. s. w. Wohl aber finden sich bei ihnen diejenigen Ceremonien, aus denen, wie es scheint, überall auf der Welt die höheren Kultusformen hervorgegangen sind, die mysteriösen

Maskentänze. Allbekannt ist die wichtige Rolle, welche solche Maskereien bei den nordamerikanischen Stämmen spielen. Von den analogen Gebräuchen auf dem südlichen Continente wusste man bis jetzt auffallend wenig. Nur die Tanze der Tekuna, Juri, Uaupésstämme werden beiläufig in der Litteratur erwähnt. Die „Tempel" und „Idole", von denen die ältesten Missionsberichte sprechen, sind offenbar nichts anderes, wie die „Medizinhütten" oder „Flötenhäuser" mit den darin aufbewahrten abenteuerlichen Maskenkostümen.

Erst das durch die beiden Xingu-Expeditionen heimgebrachte reiche Maskenmaterial hat neuerdings wieder die Aufmerksamkeit auf diese für das Verständniss des indianischen Lebens so wichtigen Festtänze gelenkt. Die später bei den Karaya angestellten Beobachtungen boten dazu eine erwünschte Ergänzung.

Ihre Maskentänze sind ethnologisch von ganz besonderem Interesse wegen der auffallenden Analogieen, die sie in der Form der Masken sowohl wie auch in den sonstigen Festgebräuchen mit denen Melanesiens zeigen. Diese Uebereinstimmung geht so ins Einzelne, dass Kleinschmidts Beschreibung der neubritannischen Duck-Duckfeste mutatis mutandis auch auf die Thiertänze der Karaya passen würde.

Castelnau, der ihrer zuerst Erwähnung thut, erwarb eine dieser Masken unter vielen Schwierigkeiten [1], doch ging dieselbe später mit den gesammten übrigen Sammlungen in den Katarakten des Tocantins verloren. Die von ihm auf Taf. IX seiner „Vues et scenes" (Paris 1852) gegebene Darstellung eines Tanzes ist insofern nicht correct, als Unterleib und Beine der Tänzer nicht, wie die Abbildung zeigt, unbedeckt, sondern unter langen Buritigehängen verborgen sind. Auch erscheint die Höhe der Kopfaufsätze übertrieben.

Später hat Spinola [2] darüber etwas mitgetheilt, auch einige Tanzanzüge für die anthropologische Ausstellung in Rio (1882) erworben, die jedoch niemals ihren Bestimmungsort erreichten, sondern schon in Goyaz zu Grunde gingen.

Dass es mir gelang, einige der interessantesten Masken glücklich heimzubringen, verdanke ich der Vermittelung des Häuptlings Pedro Manco, ohne dessen Fürsprache das abergläubische Misstrauen seiner Stammesgenossen sich schwerlich hätte überwinden lassen. Waren doch bereits mehrfach diese geheiligten Objekte von Reisenden, namentlich auch von Spinola selbst, unklugerweise profanirt worden. Wider Erwarten fanden sich die schönsten Exemplare bei den Karayahi, deren Dörfer allein die oben beschriebenen „Medizinhütten" aufwiesen. Kleinere Lager hatten statt derselben einfache halbkreisförmige oben und hinten offene Verschläge, wie Castelnau sie abbildet, während bei den Sambioa die Hütten vollständig fehlten. Wahrscheinlich waren sie hier nach Beendigung der Festlichkeiten bereits wieder abgebrochen. Die daselbst gesammelten Palmstrohanzüge lagen auf einem Haufen zusammengeworfen im nahen Walde und sind deshalb schon etwas defekt.

Die Tanzmasken stellen sämmtlich Thiere dar. Doch geht die Nachbildung der Thiergestalt nicht so weit, wie bei den Masken der Nordamerikaner und der Tekuna, da das betreffende Wesen

---

[1] Castelnau a. a. O. p. 441
[2] a. a. O. p. 45.

nur durch einige seiner auffallendsten Merkmale oder auch nur durch die angebrachten Ornamente angedeutet wird.

Die Masken, welche entweder einzeln gebraucht werden oder paarweis zusammengehören, zerfallen ihrer Form nach in drei Klassen.

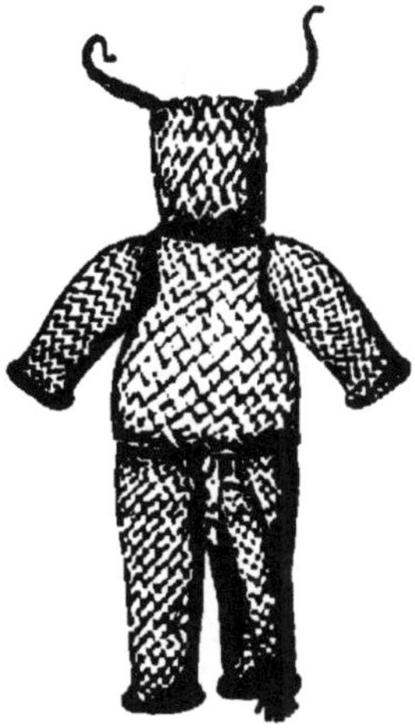

Fig. 18. Maske des Delphins ($^1/_{20}$).

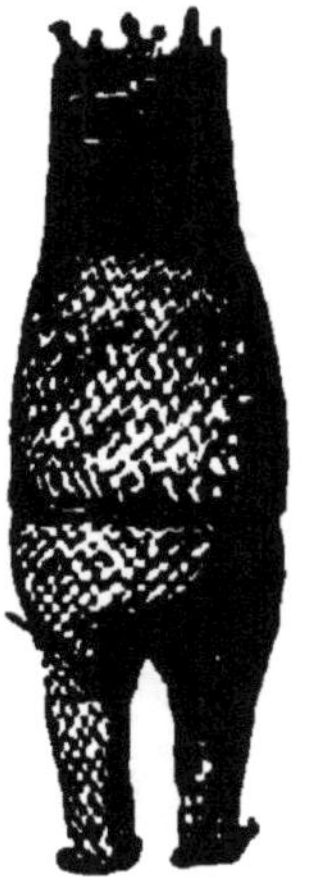

Fig. 19. Maske des Fisches *doeri* (wahrscheinlich Pirarara) ($^1/_{20}$).

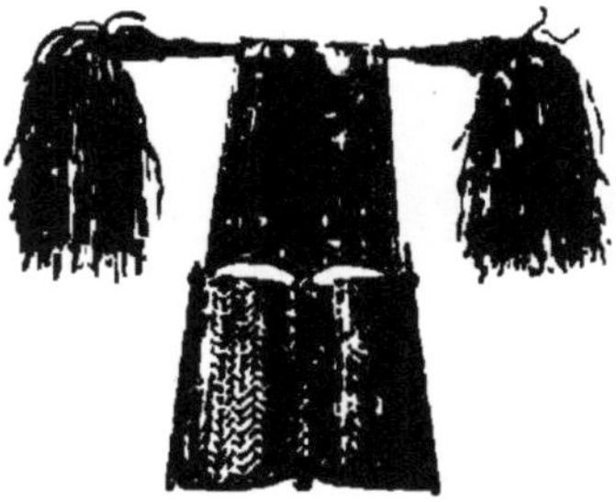

Fig. 20. Maske des Scarabaeus (Mistkäfer) ($^1/_{20}$).

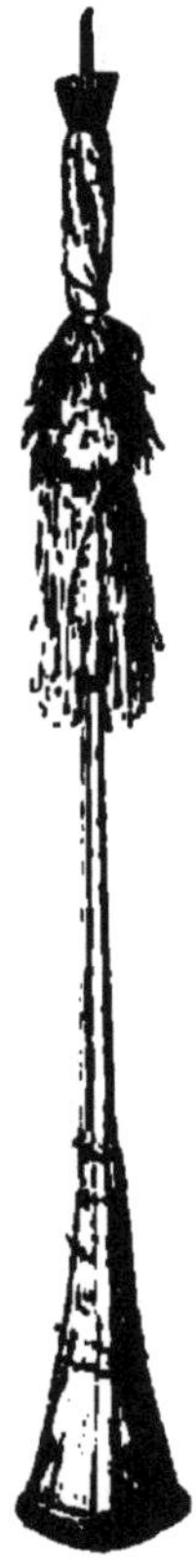

Fig. 21. Grosser Ameisenbär (Kopfaufsatz) ($^1/_{20}$).

1. **Anzüge und Kopfaufsätze aus einfachem Palmstrohgeflecht (*inarulu*). Gesammelt wurden davon:**

a) Der Delphin. Männliche Figur mit übertrieben gross gebildeten Genitalien; aus Oguassublättern geflochten. Den Oberkörper des Tänzers deckt ein bis zum Gürtel reichendes Wamms mit Aermeln, Unterleib und Beine bis zum Knie stecken in einer Art Hose, während der Kopf mit einer das Gesicht vollständig verhüllenden Kappe überzogen ist, die oben in zwei gewundene Zipfel ausläuft (Fig. 18).

b) Eine ähnliche Figur ohne Genitalien, den Fisch *doeri* (Pirarara) darstellend. Die Verhüllung des Thorax ist ärmellos. Die Kapuze besitzt sechs kurze mit Endknoten versehene Zipfel (Fig. 19).

c) Der Scarabaeus (*borkohil*, Pillendreher, eins der häufigsten Insekten der Campos) ist eine aus Buritiblättern geflochtene Maske für den Oberkörper. Den Kopf birgt eine aus feinem Geflecht bestehende rhombische Kappe, durch deren oberen Theil eine an den Enden mit Palmstrohquasten versehene Querstange läuft, welche die Fühler des Käfers sehr charakteristisch wiedergiebt. Der untere Theil aus gröberem Geflecht besteht nur aus einer Brust und Bauch bedeckenden Lage. Beiderseits sind schlitzförmige Armlöcher angebracht. Die Beine des Tänzers sind wahrscheinlich durch Buritigehänge verhüllt Fig. 20.

d) Der grosse Ameisenbär (*mariri*), von dem gleichfalls nur ein Aufsatz für Kopf und Oberkörper vorhanden ist, ist trichterförmig aus einem einzigen Buritiblatt geflochten, dessen nach oben ragender Stiel mehrfach gespalten durch einen angesetzten Holzstab künstlich verlängert ist. Die äusserste Spitze trägt eine mächtige Blätterquaste. Das Ganze ist 3 m tief em hoch (Fig. 22).

Vorstehende Masken sind die bei den Rambioa erhaltenen. Ausserdem wurde auf einem Karayadorf die Skizze einer fünften Anzuge derselben Gattung entworfen. Es ist dies

e) der Geier C a r a c a r a (*iira*), ebenfalls trichterförmig, doch weniger hoch als der „Ameisenbär" und mit Armlöchern versehen (Fig. 22c).

2. Masken nach Art der Duck-Duck (*pa96*). Es sind cylindrische Tanzhüte, bedeckt mit zierlichem Federmosaik, dessen Muster das betreffende Thier wiedergiebt.

a) Der Fisch P i a b u u e n (*aknvara*) besteht aus einem starken cylindrischen Berridgeflecht von 72 cm Höhe, 45 cm Umfang 1. M., nach oben in einen zopfartigen mit schwarzem Bast umwickelten Fortsatz auslaufend, der am Ende einen Federbuschel trägt. Das untere Ende des Cylinders erweitert sich trichterförmig, um den Kopf des Trägers aufzunehmen. Dieser Untersatz ist etwa 35 cm hoch und von Buritistreifen so dicht umhüllt, dass das Gesicht des Tänzers vollständig verborgen bleibt (Taf XII. 2 a, b).

Fig. 22 Masken und maskirter Tänzer.

Das cylindrische Mittelstück ist der Länge nach mit dünnen Rohrstäbchen belegt, auf welche die Federmosaik mit Wachs aufgetragen ist. An der Vorderseite verläuft vertikal ein 10 cm breiter gelber Streifen von zusammengedrehten schwarzweissen Baumwollschnüren eingefasst, den jederseits ein halb so breiter rother mit gleicher Einfassung begleitet. Rechtwinklig zweigt sich von jedem derselben ein breiter rother Fortsatz nach hinten ab, welcher jede Seite des Cylinders in zwei rechteckige Felder theilt. Dieselben sind ausgefüllt durch blaue Rechtecke auf gelbem Grunde, welche durch schwarze Schnüre sich abgrenzen.

An beiden Enden ist der Cylinder mit Streifen von blauen Militärtuch umwunden. Die ursprüngliche Umwickelung war jedenfalls ein eingewebtes schwarzes oder schwarzweisses Baumwollband, wie bei den in Fig. 22a und b abgebildeten Masken.

Den oberen Rand, der ausserdem mit einer Reihe aufrecht stehender rother Ararafedern besteckt ist, umgiebt ein kleiner grüner Federsaum.

An der mit weissen Flaum beklebten Hinterseite hängen zwei Reihen blauer Arratafedern übereinander herab. Durch das obere Drittel des Cylinders ist ein an den Enden mit langen Federquasten geschmücktes Querstäbchen gesteckt.

b) Der Fisch P a c u (*arawu*) ist von ähnlicher Form. Der cylindrische Theil ist niedriger, aber von grösserem Durchmesser (Höhe 30 cm, Umfang 35 cm). Auch hier geht von der oberen Fläche ein Zopf aus (60 cm) (Taf XII. 2 a, b).

Vorn verläuft gleichfalls ein breiter rother Streif in schwarz-weisser Einfassung. Die Seitentheile zeigen ein Complementärmuster von schrägen etwas unregelmässig verlaufenden stumpfen Zickzackstreifen, roth auf gelbem Grund in schwarzer Einfassung. Hinten hängen ebenfalls zwei Federreihen herab.

Zu beiden Masken gehören lange um Schultern und Hüften zu legende Bastfaserbünge. Der Hals ist mit einer Guirlande schwarzer Baststreifen umwickelt. Der Tänzer trägt in den Händen Rasselkeulen und um die Knöchel die Binden mit den klappernden Thevetianschalen (Fig. 22b).

Zwei andere derartige Masken konnten skizzirt werden.

c) Die eine stellt angeblich den *kubroro* (Alligator) dar. Der cylindrische Theil ist roth, mit horizontal liegenden Doppelkreuzen in Gelb (Fig. 22a) und trägt zwei divergirende kurze Zöpfe.

d) Die Bedeutung der anderen, das Thier *parenI*, ist unsicher. Die Grundfarbe des Cylinders ist blau. An jeder Seite läuft eine Kette von gelben Rechtecken auf rothem Grund herab. Ihren Ornamente nach dürfte es eine Schlange vorstellen. Fig. 22b).

Bei beiden ist die Hinterseite durch eine in der Längsrichtung angebrachte Doppelreihe kurzer grüner und blauer Papageifedern geziert.

3. Ohne Thieremblem ist die Maske eines schwarzen Vogels (*tirrkui*). Es ist ein menschliches Gesicht, aus einer grossen Cuyenschale, das untere Drittel schwarz, das übrige roth bemalt. Der Mund ist mit Wachslippen und Holzzähnchen ausgestattet. Zwischen den schmalen Augenspalten befindet sich in unnatürlicher Höhe die Nase aus schwarzem Wachs. Ein Gehänge von schwarzen und

braunen Federn fällt nach hinten herab, während vorn und an den Seiten lange Buritibaststreifen den Körper des Trägers decken (Taf. X. 3).

Damit ist die Zahl der Masken keineswegs erschöpft. Jedes Dorf hat seine besonderen und manche „Medizinhütte" war von den verschiedensten Typen förmlich vollgepfropft.

Ausser den genannten wurden noch folgende als bei den Karayahi vorzugsweise gebräuchlich aufgeführt:

Die Fische: Pintado (Pimelodus Sorubim), Trem Trem (Gymnotus electricus), Chicote, Piau und Pirarucu (Sudis gigas); die Vögel: Tuyuyu (Mycteria Jabiru), Japuira (Cassicus sp.), Mutum (Crax), Jacu Penelope); endlich Hirsch und Krebs.

Maskenfeste. Sind nach ergiebigen Jagd- und Fischzügen viele Lebensmittel vorhanden, so bestimmt der Häuptling die Abhaltung eines Tanzfestes, das so lange fortgesetzt wird, als die Vorräthe reichen. Schon mehrere Tage vor dem festgesetzten Termin beginnen die Vorbereitungen. Die Weiber sorgen für Speisen und Getränke, die Männer machen sich, soweit sie nicht noch auf der Jagd beschäftigt sind, an die Anfertigung der Tanzkostüme. Jeder Tanz ist nur bestimmten Personen bekannt. Die dabei gesungenen Lieder, deren Ueberlieferung vom Vater auf den Sohn vererbt, sind angeblich in alterthümlicher, der Menge unverständlicher Sprache gehalten.

Jedes dargestellte Thier hat einen für dasselbe charakteristischen Laut, der sich in den Gesängen immer wiederholt. So schreit der Pacu: *heiyoū he, heiyoū he*, der Alligator *hu — hu — hu*.

Die Weiber und Kinder sehen zwar dem Tanze zu, dürfen aber nicht die Masken allein, ohne ihren Träger erblicken, da man sie in dem Glauben erhält, die betreffenden „Thiergeister" wirklich vor sich zu haben. Nur die ältesten Weiber werden hier und da mit in das Geheimniss gezogen.

Das Fest beginnt mit einem Umzug der Masken durch das Dorf. Die Theilnehmer kleiden sich im nahen Walde an und kommen mit lautem *haé ha haé* hervor. Alles ruft alsdann: *nahuurare!* Da kommen sie!

Während des Umzugs werfen die Maskirten Holzscheite nach allen Richtungen herum. Nachdem sie sich wieder zurückgezogen, wird alles für das Festmahl und Trinkgelage zugerichtet, bis nach einigen Stunden die Tänzer von neuem hervorkommen und der Tanz beginnt. Er besteht wie der des Duck-Duck in einem eigenthümlichen Hüpfen. Der Tänzer darf sich dabei auf keine Weise zu erkennen geben, weder sprechen, noch husten oder niesen, namentlich aber nicht fallen. Er wird sonst, wie der Duck-Duck und der nordwestamerikanische Hameta sofort todt geschlagen.

Ist er genöthigt, zu husten, was bei der erstickenden Hitze in seiner Vermummung natürlich nicht selten ist, so springt er in den Kreis der umstehenden Männer, die dann gleichfalls hustend seine Stimme übertönen.

Die Tänze finden in einer bestimmten Reihenfolge statt, wobei jedoch dem Häuptling die Entscheidung darüber zusteht, mit welchem der Anfang gemacht werden soll.

Dringt ein Weib aus Neugierde in die geheime Hütte ein oder nimmt sie sonst eine Gelegenheit wahr, die Maskenanzüge zu sehen, so trifft sie die Todesstrafe.

Gewöhnlich legen dann die übrigen Weiber beim Häuptling Fürbitte ein. Dieser lässt Gnade walten, wenn die Schuldige Stillschweigen verspricht und sich irgend einer Bussarbeit unterzieht, welche meist im Weben eines *riō* oder der Anfertigung einer grossen Burihimatte besteht. Weigert sie sich dessen, oder fällt die Arbeit nicht nach Wunsch aus, so wird ihr ein Ort im Walde bezeichnet, an dem sie sich zu einer bestimmten Zeit einzufinden hat. Dort wird sie genöthigt, sich den versammelten Männern hinzugeben. Erscheint sie nicht, so erhalten letztere das Recht, sie zu tödten, wo sie sie antreffen. Die Leiche der Schuldigen wird in den Strom versenkt. Doch darf Niemand in die Hütte des Opfers eindringen, da dieselbe als Asyl gilt.

In gleicher Weise wird ein Mann, der einer Frau das Geheimniss verräth, für vogelfrei erklärt.

Dass solche barbarischen Gebräuche wenigstens früher geherrscht haben, ist um so weniger zu bezweifeln, als sich Analoges in anderen Gegenden der Erde nachweisen lässt. Doch scheint heute die Sache nicht mehr so streng gehandhabt zu werden. Man erzählt, dass bei den benachbarten Tapirapé durch einen Zufall einst sämmtliche Weiber der Masken ansichtig wurden, so dass nichts anderes übrig blieb, als sie alle zu begnadigen und das Geheimniss preiszugeben.

Auch bei den Sambioa soll nach Aussage Pedro Manco's der Brauch abgekommen sein. Indessen gestatteten dieselben uns nicht, die im Walde gefundenen Masken einfach mitzunehmen, da Weiber in der Nähe vermuthet wurden. Um sie nach unserem Lager zu schaffen, mussten vielmehr unsere Leute eigens zu diesem Zweck damit bekleidet werden.

Mögen diese Sitten sich jetzt gemildert haben oder nicht, jedenfalls ist der Respect der Weiber vor den Masken und ihrem geheimnissvollen Aufbewahrungsort ein ganz gewaltiger.

Nach Beendigung des Festes werden die Masken weggeworfen oder verbrannt. Allenfalls werden die dazu verwendeten Federn aufgehoben.

Ueber die eigentliche Bedeutung dieser Tänze werden wir schwerlich jemals ganz ins Klare kommen. Es ist sogar zweifelhaft, ob die Indianer selbst sich ihrer noch vollständig bewusst sind. Auf Grund der Analogieen bei besser bekannten Völkern lassen sich wenigstens Vermuthungen darüber aufstellen.

Sicher ist, dass die Maske den Geist des dargestellten Thieres repräsentirt. Die Thiere selbst sind entweder Jagdthiere oder solche, die in der nationalen Legende eine gewisse Rolle spielen, wie der Storch, der Alligator, der Gymnotus. In Nordamerika giebt es Bärentänze, Büffeltänze u. s. w., um den Bären- und Büffelgeist zu bewegen, diese Thiere in grösserer Menge erscheinen zu lassen, während andere Tänze sich auf Thiere beziehen, die als Urahnen betrachtet werden, oder denen sonst eine mythologische Bedeutung zukommt. Aehnliche Vorstellungen mögen auch den Maskereien der Karaya zu Grunde liegen. Es wäre damit bereits ein Schritt über die niedrigste Form des Animismus hinaus gethan, da die Annahme eines alle Thiere der betreffenden Klasse repräsentirenden Geistes schon eine gewisse Abstraction voraussetzt.[1]) Insofern dann diese Thiergeister in einer dem Menschen günstigen Weise beeinflusst werden sollen, zeigt sich in diesen Tänzen die erste Spur eines Kultus.

Fragt man die Indianer selbst, warum sie vor den Frauen das Geheimniss wahren, so erwidern sie ausnahmslos, dieselben dürften nicht alles sehen, sie sprächen zu viel.

Das Bedürfniss, die Autorität der Männer den Weibern gegenüber aufrecht zu erhalten, tritt überall hervor, wo derartige mysteriöse Feste im Schwange sind. Auch aus dem griechischen und orientalischen Alterthum ist ähnliches bekannt. Es dürfte in diesem Bestreben, das dem Culturmenschen oft als eine brutale Vergewaltigung des schwächeren Geschlechts erscheinen mag, einer der ursprünglichsten der ganzen Menschheit angehörigen „Völkergedanken" zum Ausdruck kommen.

Das Schwirrholz scheint bei den Karaya nicht im Gebrauch zu sein, wenigstens konnte nichts darüber ermittelt werden.

Legenden und Folklore.

Noch in den letzten Tagen unseres Aufenthalts in S. Maria wurde aus dem Munde des alten Pedro Manco eine Anzahl von Legenden aufgezeichnet, die bei der Spärlichkeit derartiger Mittheilungen aus Südamerika, trotz ihrer Einfachheit und Gedankenarmuth sowie theilweis verstümmelten Form immerhin einiges Interesse beanspruchen. Leider musste bei der Kürze der Zeit davon Abstand genommen werden, sie im Urtext nieder zu schreiben, zumal die Herstellung einer Interlinearübersetzung auf unüberwindliche Schwierigkeiten stiess.

Ob diese Traditionen von fremder Beeinflussung völlig frei geblieben sind, wird erst dann mit Sicherheit zu entscheiden sein, wenn es einmal gelingen sollte, weitere Gewährsmänner zur Controlle heranzuziehen. Diese Aussicht ist freilich sehr gering. Vorläufig steht der Annahme, dass wir es hier wirklich mit echten Produkten indianischen Volksgeistes zu thun haben, nichts entgegen.

Weder der Form noch dem Inhalten nach unterscheiden sich diese Mythen von den sonst aus Amerika bekannten. Gerade diejenige Sage, welche den Indianern am leichtesten durch Missionare suggerirt wird, die von der grossen Fluth, lässt in der hier mitgetheilten Fassung gar keinen Zusammenhang mit der christlichen erkennen.

Analogieen finden sich im Uebrigen mit Mythen aus Guayana, Nordamerika und namentlich Polynesien.

Die Legenden I—VI scheinen Bruchstücke einer alten Stammessage zu sein.

Nicht alle sind vollständig. Bei einigen fehlt der Schluss oder doch, für unser Verständniss wenigstens, die Pointe.

[1]) Im Thurn a. a. O. p. 370.

Ueberall tritt die echt indianische Anschauung von der Gleichartigkeit des Menschen und der Thierwelt deutlich hervor. Das Thier erscheint hier nur in seiner äusseren Erscheinung vom Menschen verschieden, daher beide ihre Gestalt fortwährend verwandeln. In der Regel fügte der Erzähler in den Verlauf seiner Darstellung bei der Einführung eines neuen Thieres in die Handlung ausdrücklich die Bemerkung hinzu, dasselbe sei eigentlich auch ein Karaya gewesen.

I.
Kaböi.

Kaböi, der Ahnherr der Karaya, lebte mit seinem Volke in der Unterwelt. Es schien dort die Sonne, wenn auf Erden Nacht war und umgekehrt. Einst drang der Schrei des Campvogels Seriema (Dicholophus cristatus) bis dahin und Kaböi beschloss, von einigen Leuten begleitet, dem Ton zu folgen. So gelangte er an ein Loch, welches auf die Oberfläche der Erde führte. Aber nur seine Leute konnten hindurch, während er selbst wegen seines zu grossen Körperumfangs darin stecken blieb und nur mit dem Kopf aus der Oeffnung hervorschaute. Die Karaya durchstreiften die Gegend und fanden viele Früchte, Bacury, Piqui, Fruta do veado, ferner Bienen und wilden Honig, sahen aber auch manchen abgestorbenen Baum und dürres Holz. Alles dieses brachten sie zur Stelle, wo Kaböi ihrer harrte, und zeigten, was sie gefunden. Wohl ist das Land schön und fruchtbar, sagte dieser, aber das morsche Holz beweist, dass das, was hier lebt, bald dem Tode verfallen muss. Drum ist es besser, wir bleiben, wo wir sind.

Im Reiche Kaböi's wurden die Menschen nämlich sehr alt, sie starben erst, wenn sie vor Alter keine Bewegung mehr machen konnten.

Als Kaböi zu seinem Volke zurückkehrte und die Früchte zeigte, wollten die meisten hinaus auf die Oberwelt; vergeblich warnte er: Ihr findet alles, dessen ihr bedürft, aber ihr werdet schnell dahinsterben. Dennoch zog ein Theil des Volkes fort und bevölkerte die Erde. Die Übrigen blieben mit Kaböi in der Unterwelt zurück. Sie leben noch heute in voller Kraft, während das Volk auf der Erde mehr und mehr dem Untergange entgegengeht.

Eine ganz ähnliche Sage der Warrau theilt im Thurn (a. a. O. p. XXX) mit, nur spricht diese von einem Herabsteigen, des Volkes vom Himmel auf die Erde. Aus Nordamerika kennen wir ein Analogon bei den Mandane (vergl. Catlin, Indianer Nordamerikas. Brüssel 1851. p. 171). In Anbetracht, dass in der Sprache der Karaya b und m vielfach in einander übergehen, namentlich in Lehnwörtern, scheint in dem Namen Kaböi der in der südamerikanischen Mythologie häufig wiederkehrende Name der Sonne und des Sonnenheros der Arawkstämme Kamu, Kamul, Kamuti oder Kamutói u. s. w. von dem Feste der Ipurina Bemerkte, anzuklingen. Auch Tamoi, der Ahnherr der Tupi, mag damit identisch sein.

II.
Sonnenmythus.

Kahererö, ein Karayamädchen, heirathete den reichen Sokrää. Sie wurde in den Wald geschickt, um Holz zu holen. Die Sonne lief aber so schnell, dass die Nacht hereinbrach, ehe sie fertig wurde. Da beklagte sich das Mädchen bei ihrer Mutter Idsoharerö: „Warum habe ich einen so reichen und mächtigen Mann geheirathet, wenn ich gezwungen sein soll, so schnell zu arbeiten. Das halte ich nicht aus. Mache doch, dass die Sonne langsamer geht".

Die Mutter sandte darauf ihren Sohn [1] Bedaua [2] aus. Diesem gelang es, der Sonne ein Bein zu brechen, sie geht seitdem langsamer.

Sehr auffällig ist hier die Uebereinstimmung mit dem polynesischen Mauimythus.

III.
Die beiden Gewaltigen.

In einem Dorfe war ein Fest gefeiert worden. Die Tänzer hatten ihre Masken abgelegt. Alles ging aus zu jagen und zu fischen. Jeder versprach der Erste zu sein, der mit reicher Beute heimkäme. In drei Kanus zogen die Leute stromaufwärts, nur ein Jüngling allein stromabwärts. Seine alte Mutter, die blind und lahm, nicht vom Feuer fort konnte, war zurückgeblieben. Sie fragte ihn, als er zurückkehrte: Wer hat da getanzt, waren es wirklich Todte, die tanzten? Der Sohn erwiderte: Nein, es

---
[1] Ausserdem werden genannt Komehera und Kuaradři.
[2] „Die Taube".

waren die Karaya, doch legten sie die Finger über einander nach Art der Verstorbenen (vergl. S. 30).
Nun kehrten auch die anderen zurück, darunter befanden sich zwei Gewaltige Teuira und Sokrou.
Der eine schnitt mit seinem Messer aus Piranhazähnen der Alten den Kopf ab, zeigte ihn herum und
liess eine tiefe Grube graben. Nun befahl er Rinden und Holzstücke herbeizuholen, füllte damit die
Grube an und steckte das Ganze in Brand. In das lodernde Feuer warfen die beiden „Gewaltigen" nun
einen Karaya nach dem andern. Darauf tanzten sie mit wildem Geschrei um das Feuer und sangen:

Teuira idisiuru
kaho kaho
ache ache ache hehehaü
deara Teuira deara Sokroa.

Nun stellten sich beide einander zum Kampfspiel gegenüber. Jeder von ihnen rühmte sich, dem
andern ein Auge ausschiessen zu können. So entsenden beide gleichzeitig ihre Geschosse und einer
fällt von des andern Hand.

Vom ganzen Dorf blieben so nur noch zwei Periquitos (Zwergpapageien) übrig. Zwei junge
Karaya, die sich auf der Jagd verspätet, kamen nun zurück und fanden das Dorf leer. Schreckerfüllt
wollte der eine fliehen, doch hielt ihn der andere zurück. Als sie sich am nächsten Tage entfernten,
um zu jagen, hörten sie aus dem Dorfe das Gestampf im Mörser, als wenn die Weiber arbeiteten.
Bei ihrer Rückkehr fanden sie das Essen von unbekannter Hand bereitet. Vergebens riefen sie nach
den Weibern, die es gethan. Niemand antwortete. Am nächsten Tage geschah dasselbe. Am dritten
endlich trieb sie die Neugier, umzukehren, als sie das Stampfen hörten. Sie fanden im Hause zwei
Mädchen, die bei deren Eintritt stumm den Kopf hängen liessen. Endlich gaben sich diese zu erkennen als die beiden verwandelten Periquitos. Die beiden Jünglinge nahmen sie zu Weibern und von
ihnen stammen die jetzigen Karaya.

In der von Bancroft (Native races V, 13) mitgetheilten peruanischen Sintfluthsage werden die Ueberlebenden in gleicher
Weise von zwei Papageien bedient, die sie später zu Weibern nehmen. vgl. Andree, Flutsagen p. 117)

IV.
Karaya und Tori.

Kudjā liess einen Karaya mit einem Tori (Weissen) um die Wette laufen. Am Ziel befand sich
als Preis Bogen und Pfeil und ein Gewehr. Der Karaya kam zuerst am Ziele an und ergriff das Gewehr, der Tori erhielt Bogen und Pfeil. Bald aber wurde dem Karaya das Gewehr zu schwer, er ver-
anlasste den Tori, mit ihm zu tauschen, seitdem führt dieser das Feuergewehr und die Karaya Bogen
und Pfeile.

Ganz ähnlich ist die von Müller „Urreligionen" p. 114 mitgetheilte Thirokimythe.

V.
Die Sintfluth.

Die Karaya waren auf der Schweinsjagd und trieben die Thiere bis in ihr Loch. Man fing an
sie auszugraben, holte ein Schwein nach dem andern heraus und tödtete sie. Da stiess man plötzlich auf
ein Reh, dann auf einen Tapir und endlich auf ein weisses Reh. Als man noch weiter grub, kamen
die Füsse eines Menschen zum Vorschein. Da erschraken die Karaya und holten einen mächtigen
Zauberer, der alle Thiere des Waldes kannte, herbei. Diesem gelang es, den Mann aus der Erde
herauszuholen. Er hiess Anatiuā und hatte einen dünnen Körper, aber einen dicken Bauch. (Hiernach
vielleicht identisch mit Kaboi.) Dieser begann zu singen (in seiner, d. h. alterthümlichen Sprache: *Anatiuā, anatiua,
hiarua noiri ʔu aritokri* — „Ich bin Anatiuā, bringt mir Tabak zum Rauchen". Die Karaya verstanden
ihn nicht. Sie liefen im Walde herum, brachten allerlei Blumen und Früchte herbei. Er wies alles
zurück und deutete auf einen, der gerade rauchte. So brachte man ihm Tabak. Er rauchte bis er
betäubt niedersank.

Man lud ihn in ein Kanu und brachte ihn zum Dorfe. Hier erwachte er, und fing an zu tanzen
und zu singen. Sein Benehmen und seine unverständliche Sprache erschreckte die Karaya und sie
zogen ab mit Weib und Kind. Da wurde Anatiuā zornig. Er verwandelte sich in einen grossen
Piranha und verfolgte sie. Mit sich führte er viele Kalebassen mit Wasser. Als die Karaya nicht auf
seinen Zuruf halten wollten, zerschlug er eins der Gefässe, worauf das Wasser zu steigen anfing. Als

dies erfolglos blieb, zerbrach er auch das zweite und das Wasser stieg noch höher u. s. f. bis endlich alles Land überschwemmt war und nur noch die Berge am Tapirapé (vgl. S. 7) aus der Fluth hervorragten. Auf seine beiden Spitzen hatten die Karaya sich geflüchtet. Nun rief Anatiua alle Fische zusammen, um die Leute ins Wasser herab zu ziehen. Der Jahu, der Pintado und der Pacu machten sich daran, aber keiner vermochte es. Endlich gelang es dem Bicudo (Fisch mit langer schnabelförmiger Schnauze) von hinten den Berg zu ersteigen und die Karaya herabzureissen. Noch jetzt zeigt daselbst eine grosse Lagune die Stelle an, wo sie hinabstürzten. Nur einige wenige der Leute blieben übrig und stiegen hier ab, als das Wasser sich verlaufen hatte.

Obwohl im Allgemeinen regelmässig auftretende Ueberschwemmungen wie am Araguaya nicht zu Fluthsagen Veranlassung geben, wie Andree dies mit Recht hervorhebt (a. a. O. p. 146), so sind hier dennoch die lokalen Verhältnisse der Bildung einer solchen günstig. Der Reisende, welcher nach langer Fahrt durch endlose niedere Uferlandschaften plötzlich der mächtigen, unvermittelt aus der Ebene aufragenden Kegelberge am Tapirape ansichtig wird, vermag ohne Weiteres zu begreifen, wie die Karayahi, die, wie oben bemerkt, von Ueberschwemmungen sehr zu leiden haben, zu ihrer Fluthsage gekommen sind. Bei abnorm hohem Wasserstande boten sich jene Berge den Umwohnenden vielleicht einmal wirklich als letzte Zufluchtsstätte dar.

Wie in den meisten südamerikanischen Flothsagen, kommt auch hier die Fluth nicht durch Regen, sondern durch das Zerbrechen mit Wasser gefüllter Gefässe zu Stande.

VI.
Das Jacaré und die streitbaren Weiber.

Die Weiber eines Dorfes pflegten zu gewissen Zeiten nach einer Lagune zu gehen, wo ein grosses Jacaré (*bubroro*, Alligator) hauste. Hier hatten sie sich Hütten errichtet mit Kochgeräthen, Töpfen u. s. w. Federschmuck und schöne Leibgürtel nahmen sie dorthin mit, auch Moschus, den Körper einzureiben. Eins der Weiber wurde, mit all diesen Zierrathen ausstaffirt, ihre Haut mit Moschus bestrichen und blieb am Ufer sitzen, während die übrigen im Walde Früchte sammelten. Andere fischten oder bereiteten Speisen zu.

Das Weib im Festschmuck rief, sobald sich alle entfernt: *bubroro — bubroro — u-u-uh adjumah mrinkiotä brätius menaku menaku* — Jacaré komm, bringe Fische, Matrincham, Curimata, Papa terra, Avoadeira!

Das Jacaré antwortete: *bubuhuhu — anakri* — ich komme.

Es kam dann hervor, ein Bündel Fische tragend. Dann legte es den Kopf der Frau auf den Schenkel, liess sich von ihr die Parasiten absuchen und schlief ein. Die andern Weiber bereiteten unterdessen das Mahl und gingen nach Beendigung des Festes nach Hause, den Männern nur die leeren Fruchtschalen bringend. Das geschmückte Weib blieb mit dem Jacaré zurück und folgte erst später.

Schliesslich wunderten sich die Männer, dass die Frauen immer nur mit leeren Schalen zurückkamen und beschlossen, der Sache auf den Grund zu gehen. Einer befahl seinem Sohn, die Mutter zu begleiten. Nach langer Weigerung derselben ward er zugelassen und erzählte den Männern dann, was er gesehen.

Zwei Tage später gingen diese selbst zusammen an den See, während die Frauen zurückbleiben mussten. Auch sie rieben sich mit Moschus ein und riefen das Jacaré. Dasselbe kam wie sonst, brachte Fische und legte sich zum Schlaf nieder, wurde nun aber von den Männern mit einer Keule getödtet und in den Wald geworfen.

Darauf gingen die Männer jagen, tödteten noch andere Jacarés, Reiher, Emen, sowie Urubus (Aasgeier) und kehrten mit der Beute zurück. Spöttisch riefen sie den Weibern zu: Ihr habt uns betrogen, jetzt könnt ihr das Urubufleisch essen.

Andern Tags zogen die Weiber wieder aus. Aber das Jacaré erschien nicht. Seine Leiche wurde endlich im Walde gefunden. Voll Zorn eilen sie nach Haus, machen sich Pfeile und Bogen und fordern die Männer zum Kampf heraus.

Die Männer nahmen die Sache nicht ernst und legten die Pfeile umgekehrt auf den Bogen, um keinen Schaden zu thun, die Weiber aber schossen mit der Spitze und tödteten die Männer bis auf wenige, welche entkamen. Die Weiber zogen nun den Fluss hinab. Man hat nichts mehr von ihnen gehört.

So lange das Jacaré gelebt hat, sprachen alle Jacarés. Seitdem spricht keines mehr.

Es liegt hier offenbar eine Amazonensage in einfachster Form vor ohne das anekdotische Beiwerk, mit welchem die ersten Reisenden die in Südamerika so weit verbreitete Sage von den kriegerischen Weibern umgeben und entstellt haben. Dass die einstige Existenz eines Amazonenvolkes in Amerika so wenig nachweisbar ist wie in Europa oder

Autem, berechtigt uns nicht, jedweden Amazonenmythus in der Neuen Welt für importirt zu erklären, wie es vielfach geschehen ist vgl. Martius, Ethnogr. I. p. 75u. Amerika kann eigene Amazonensagen so gut wie eigene Sintfluthsagen besitzen, doch dürfte die vorliegende die einzige sein, welche uns in ihrer primitiven Fassung erhalten ist.

VII.
Die Zauberpfeile.

In einem Walde hausten zwei grosse Brüllaffen, welche die Menschen frassen, deren sie habhaft wurden. Zwei Brüder machten sich auf, sie zu tödten. Unterwegs sahen sie am Wege eine Kröte sitzen. Wohin des Wegs? fragte diese. — Wir gehen die Affen zu erlegen. — Wollt ihr mich zum Weibe nehmen, so sage ich euch, wie ihr euch zu verhalten habt, wenn nicht, so geht ihr dem sicheren Tode entgegen. — Lachend schlugen die Brüder das Anerbieten aus und zogen weiter. Bald erreichten sie den Baum, auf dem, mit Schleuderpfeilen bewaffnet, die Affen sassen. Ringsum bleichten die Gebeine der Menschen, die ihnen zum Opfer gefallen waren. Auch die beiden Jünglinge führten solche und eröffneten sofort den Kampf. Aber geschickt bückten sich die Affen und unschädlich flogen die Pfeile über sie hin.

Nun gingen auch sie zum Angriff über. Bald fiel einer der Brüder ins rechte, bald darauf der andere ins linke Auge getroffen und die Affen bemächtigten sich ihrer Beute.

Zu Hause war ein dritter Bruder zurückgeblieben, er war krank, sein Körper voller Wunden und Geschwüre; nur seine Grossmutter gewann es über sich, ihn zu pflegen. Einst ging auch er auf die Vogeljagd. Einer seiner Pfeile fiel vor einem Schlangenloch nieder. Die Schlange kam heraus und fragte: Was machst du hier? wie kannst du jagen, da du doch so krank bist? Ja, erwiderte er seufzend, wohl bin ich krank und unglücklich, Alles hat mich verlassen, meine Brüder sind todt, nur meine Grossmutter erbarmt sich meiner und pflegt mich. Da sprach die Schlange: Ich will dir ein Heilmittel geben, aber sage Niemand, wer dir geholfen. So bestrich er denn seinen ganzen Körper mit schwarzer Salbe. Als er nach Hause kam, fragte die Alte, wovon er so schwarz geworden sei. Ich bin unter die verkohlten Bäume gerathen, war seine Ausrede. Am folgenden Tage liess er sich zum zweiten Male von der Schlange bestreichen und erzählte seiner Grossmutter das Gleiche.

Am dritten Tage fühlte er sich gesund und beschloss nun, seinerseits auszuziehen, um seine Brüder zu rächen.

Die Schlange gab ihm einen Pfeil und sprach: Mit dieser Waffe wirst du die Affen erlegen, die deine Brüder gefressen. Unterwegs wirst du einer Kröte begegnen, die dich auffordern wird, ihr zu Willen zu sein. Thue als wenn du darauf eingehst und streiche sie mit deinem Gliede zwischen Fuss und Zehen.

Als er zur Kröte kam, that er, wie ihm geheissen. Die Kröte liess sich von ihm bethören und rieth ihm zum Lohn, die Affen zuerst zu schiessen zu lassen und dann auf ihre Augen zu zielen.

So kam er an den Baum der Ungeheuer und sah die Gebeine seiner Brüder darunter liegen. Die Affen riefen ihm zu, zuerst zu schiessen. Er aber wartete ruhig bis die Gegner schossen, traf dann erst den einen, dann den anderen ins Auge. Die Affen stürzten, blieben aber mit ihren Schwänzen in den Aesten hängen. Auf den Rath der Kröte schickte er nun eine Eidechse, sie herabzuholen, was auch gelang.

Der Jüngling kehrte nun zur Schlange zurück, den glücklichen Ausgang seines Abenteuers zu melden.

Diese aber gab ihm nun ein ganzes Bündel von Pfeilen, die die Kraft besassen, jedes Wild, nach dem man sie ausschickte, zu treffen und herbei zu holen. Auch Waldfrüchte, Honig u. s. w. konnten die Pfeile liefern. Für jede Art Jagd war ein besonderer Pfeil bestimmt; zu jedem gehörte noch ein besonderes Zaubermittel, in einer Cuye eingeschlossen, mit welchem man die Wirkung allzuheftig zurückfliegender Pfeile abschwächen und dieselben wieder zum Stillstand bringen konnte.

So verschaffte sich der junge Mann alle Arten Wild und Fische mit leichter Mühe. Bald darauf nahm er ein Weib, baute sich eine Hütte und legte eine Pflanzung an. Seiner Frau hatte er eingeschärft, dass Niemand die Pfeile in seiner Abwesenheit benützen dürfe, sonst würden alle Leute sterben. Dennoch wusste einst sein Schwager seine Frau zu überreden, die Pfeile los zu lassen. Anfangs ging alles gut. Der Schwein- und Fischpfeil thaten das Werk und wurden durch das Zaubermittel zum Stillstand gebracht. Als aber der Honigpfeil zurückkam, erschien plötzlich ein grosser gespenstischer Kopf mit weitem zahnbewehrtem Rachen. Voller Angst lief der Schwager fort, ohne an das Gegenmittel zu denken. Das Gespenst fiel nun über die Menschen her und tödtete, wen es fand. Durch den Lärm herbeigeholt, kam der Mann aus der Roça zurück; es gelang ihm endlich, das Ungeheuer zu bannen. Aber das halbe Dorf war bereits todt. Nochmals ging er zur Schlange, ihr sein Leid zu klagen. Dir ist recht geschehen, erwiderte sie, aber was ist zu ändern. Lass uns morgen zusammen auf die Jagd gehen, den Pirarucu zu erlegen. Wenn dich aber eine von meinen Töchtern anstösst, so sollst du es mir sagen. Des andern Tags kam die Schlange mit deren ganzen Familie und traf die mit Netzen[1]) versehenen Karaya an der Lagune. Diese fischten, während der Mann mit der Schlange den Wald durchstreifte. Eine der Töchter hatte ihn unterdess angerührt, aber er sagte nichts. Nun verwandelte sich die Schlange in einen Pirarucu und überredete den Mann, dasselbe zu thun. Beide geriethen in das Netz der Fischer. Die Schlange entkam durch ein Loch, der Mann wurde von den übrigen Karaya ans Land gezogen. Ein Mann versuchte, ihn mit Keulenschlägen zu tödten, er aber ergriff ihn, zog ihn unter Wasser, so dass jener die Keule fahren liess. Als die Schlange sah, dass er ohne ihren Beistand schliesslich zu Grunde gehen musste, half sie ihm aus dem Netz heraus und entzauberte ihn. Das war die Strafe, rief sie, dass du nichts gesagt hast, wie meine Tochter dich anrührte!

Zwei verschiedene Legenden sind hier in eine ziemlich lockere Verbindung gebracht. Vollständig scheint nur die erste, die viele unsere eigenen Märchen gemeinsame Züge aufweist. Von besonderem Interesse ist die Erwähnung der Pfeilschleuder als wirkliche Waffe.

VIII.
Die Pirarucus.

In einer Lagune am Mañriuabero (Rio Cristallino, l. Nebenfluss des Araguaya) waren reiche Fischgründe, wo zur Wasserzeit immer viele Fische gespeert wurden. Oft aber ereignete es sich dabei, dass die Fische die Kanus nach sich zogen und sie an einem grossen Baumstamm in der Mitte des Sees zum Umschlagen brachten. Eines Tages ging Aïuri mit einigen Kameraden dort fischen. Da tauchte vor ihnen plötzlich die Federmaske eines Pirarucu auf. Die Leute wichen anfangs erschreckt zurück, bald aber ermannten sie sich wieder, rufen noch andere Genossen herbei und beginnen die Pirarucu zu treiben und mit Netzen zu umstellen. Nachdem bereits eine Anzahl erlegt war, sagt ein Greis, nun sei es genug, die übrigen aber tödteten mehr. Als nun plötzlich ein Pintado (Sorubim) über das Netz sprang, wiederholte der Alte seine Aufforderung, vom weiteren Fang abzulassen. Doch vergebens. Endlich sah er auch einen Piaba springen. Das bedeutet nichts Gutes, rief der Alte, der Piaba springt sonst nicht, dieser hier ist gesprungen, hört auf! Statt dessen versuchten die Uebrigen, die gefangenen Fische mit Keulenschlägen zu tödten. Da verschwand plötzlich der See und Alles, was darin war. Nur ein Knabe, der am Ufer auf einem Baume sass, wurde gerettet. Er weinte und seine Thränen fielen ins Wasser, ein kleiner Fisch fing sie auf, er zog sie aus seinen Augen ins Wasser).

Jetzt erschienen die Pirarucus in Karayagestalt wieder. Sie fragten den Knaben einer nach dem andern: Sehe ich aus wie dein Vater, sehe ich aus wie dein Onkel, dein Bruder u. s. w.? bis dieser endlich alle seine Verwandten bestimmt hatte. Nun gingen sie zusammen ins Dorf zu den Weibern, deren Männer sie jetzt vorstellten. Einer der Pirarucu legte seinen Kopf auf den Schooss, um ihn absuchen zu lassen, befahl ihr aber, ja nicht in seinem Genick nachzusehen und schlief bald darauf ein. Die Frau aber vermochte ihre Neugierde nicht zu bezwingen, untersuchte das Genick des Mannes und fand dort eine Reihe kurzer Stacheln. Da erschrak sie und erweckte durch einen lauten Schrei den Mann. Was hast du? fragte dieser. Ach es ist nichts, es ist nur eine Laus heruntergefallen. Der Mann nahm die Entschuldigung an und ging in die Festhütte zum Tanz.

Die Frau beschloss, mit ihrem Kinde zu fliehen. Vor ihrem Weggange sprach sie zu ihrem Papagei: Wenn der Vater kommt und nach mir fragt, so sage, ich sei beim Wasserholen, kommt er wieder, so sage, ich sei beim Holz- oder Früchtesuchen. So geschah es, der Mann wurde von dem Papagei so lange hingehalten bis die Frau weit entfernt war. Endlich aber merkt er den Betrug, reisst wüthend dem Vogel die Federn aus, der höhnisch ausruft: Jetzt weiss ich, dass du kein Mensch, sondern

[1]) Die hier und in der folgenden Legende erwähnten Netze sind wahrscheinlich jene aus Sipos verfertigten Fangapparate, von denen auf S. 15 die Rede war.

ein Pirarucu bist und eilt seinem Weibe nach. Dieses sucht Schutz bei einem Reiher, in dessen Kropf sie sich verbirgt. Der Mann kommt nach und fragt den Vogel, warum er so dick sei?

Ich habe soviel kleine Fische gegessen, erwiderte dieser. — So lass deinen Koth sehen. Der Reiher that wie ihm geheissen, wobei das Weib beinahe zum Vorschein gekommen wäre. Der Mann eilt weiter. Das Weib mit ihrem Kinde setzte später ihre Flucht fort, aber weit und breit war kein Wasser, fast verschmachtend erreicht sie endlich einen Sumpf, in dem ein Zitteraal lag. Sie bittet ihn um Wasser, er gewährt es aber nur unter der Bedingung, ihm zu Willen zu sein.

Später tritt das Weib einen zweiten Aal, der die gleiche Forderung stellt, um Wasser zu schaffen, aber von der Frau betrogen wird, endlich einen dritten, der aber kein Wasser mehr liefert. Das Kind verwandelt sich vor Durst in einen Vogel und fliegt fort. Die Mutter ruft ihm nach: Die ganze Welt wird dich von jetzt an *kahidu* nennen! — — — Hier scheint der Zusammenhang gestört, da im Folgenden nicht nur das Kind wieder genannt wird, sondern auch eine Schwester der Frau, von der vorher nicht die Rede war.

Die Frau begegnet weiter einer Unze. Diese fragt: Womit hast du dein Kind so schön bemalt? — Das habe ich aus gekochtem Wachs gemacht. Die Unze bittet darauf das Weib, sie ebenfalls so schön fleckig zu machen und legt sich ruhig vor ihr hin. Die Frau kocht eine grosse Menge Wachs und begiesst die Unze damit, so dass sie stirbt. Die Schwester nimmt der Unze das Fett heraus und stopft es in einen hohlen Baum, worauf beide Weiber ihre Flucht fortsetzen. Nach einer Weile sagt die Schwester: Lass mich zurückgehen, ich vergass meine Pfeife. Geh, sagt das Weib, aber iss nichts vom Fett der Unze, sonst wirst du selbst zur Unze. Die Schwester jedoch folgte nicht, verzehrte vielmehr, vom Hunger getrieben, davon eine grosse Menge. Sie kehrt später ein zweites Mal um unter dem Vorwande, ihre Schürze vergessen zu haben, isst nochmals vom Fett und wird nun selbst in eine Unze verwandelt. So folgt sie in Thiergestalt ihrer Schwester nach, diese sucht sie nun los zu werden, überredet sie, die Augen zu schliessen und steigt währenddessen auf einen Baum, von dem aus sie der Unze höhnisch zuruft: Das ist die Strafe für deinen Vorwitz, jetzt sieh, wie du weiter kommst. Endlich kommt sie an einen Fluss, an welchem ein Jacaré sitzt, den sie bittet, sie überzusetzen. Dieser stellt dasselbe Verlangen wie früher der Zitteraal, sieht sich aber ebenfalls betrogen. Voll Aerger bringt er den Mann auf ihre Fährte. Die Frau hatte mittlerweile ein verlassenes Haus erreicht und sich Feuer angezündet, als sie plötzlich eine Dampfwolke aufsteigen sieht. Es war ihr Mann (d. h. der Pirarucu), der seine Pfeife rauchend des Weges kam. Sie wirft ihm Asche ins Gesicht, so dass der Mann sie nicht erblickt und seine Pfeife ausgeht. Während sie dieselbe wieder anzündet, gewinnt sie einen Vorsprung und wirft, als er ihr zum zweiten Male nahe kommt, mit Kohlen nach ihm. Das dritte Mal bleibt dies jedoch erfolglos, da wirft sie mit Salz. Ein grosser Fluss bildet sich zwischen beiden, so dass die Frau gerettet ist. Voll Zorn und Scham darüber, dass es ihm nicht gelang, das Weib in seine Gewalt zu bekommen, kehrt der Pirarucu zu den Seinigen zurück, die, als sie sich erkannt sahen, ihren See wieder aufsuchten und sich seitdem nicht wieder haben sehen lassen.

Diese ziemlich zusammenhangslose und des Abschlusses entbehrende Legende ist augenscheinlich darauf berechnet, der Phantasie jedes Erzählers einigen Spielraum zu gewähren, um nach Belieben weitere Abenteuer und Begegnungen der Frau hinzuzufügen. Für die vergleichende Mythologie ist besonders der Passus vom Verschlucktwerden des Weibes durch den Reiher wichtig (vgl. im Thurn Bemerkungen c. s O. p. 98). Die Episode von der Unze findet sich in ganz ähnlicher Form fast mit denselben Worten in der von F. Boas mitgetheilten nordamerikanischen Sage der Kootenay am Columbiastrom (Verh. d. Berl. Ges. f. Anth. 1891, p. 171), und dass dort ein Riese der Frau begegnet, der weiss gefärbt sein will.

Als Beitrag zum Folklore der Karaya mögen endlich noch einige ihrer **Namen für Sternbilder** und andere Himmelserscheinungen genannt sein, da man sich ihre Naturauffassung einigermassen erkennen lässt. Sie sind im Allgemeinen zutreffender als die unserigen. Ob die Constellationen wirklich als das angesehen werden, was ihr Name besagt, lasse ich dahingestellt. Nach unsern Erfahrungen bei andern Stämmen ist das jedoch in hohem Masse wahrscheinlich.

Die **Milchstrasse** ist der „Aschenweg" (*brihi*), eine bei den Südamerikanern sehr gewöhnliche Vorstellung.

Die hellglänzenden Sterne α und β **Centauri** sind die Füsse des „Strausses" (*mutuia*, Rhea americana), dessen Körper durch den benachbarten grossen Kohlensack gegeben ist.

Im südlichen Kreuz sehen sie die rautenförmige Gestalt des „Flussrochens" (*hurohou*).
Die Plejaden (*Jerabuti*) sind eine Schaar kleiner „Zwergpapageien" analog den „Tauben" der
Hellenen und den „Küchlein" germanischer Völker.
Der Orion (*hotoduota*) ist die brennende Roça (auch bei den Slaven und Lithauern wird
bekanntlich dieses Sternbild zu Landbau und Ernte in Beziehung gebracht).
Der Schweif des Scorpions ist die „Unze" (*andanu*).
Die Mondflecke sind „Kröten" (*kräu*).
Sternschnuppen werden sehr treffend mit der ausgeworfenen Angel und dem Köder daran
verglichen.
Der Regenbogen ist der „Zitteraal" (*hoadli*, Trem-trem der Brasilianer).
Bei Mondfinsternissen heisst es: *ahahdū roro*, Der Mond will sterben. Dass zur Abwendung
dieses Unheils Lärm vollführt wird, wurde von Pedro Manco in Abrede gestellt.

Die Petroglyphen der Martiriosinsel.

Ungefähr in der Mitte zwischen den beiden grossen Stromschnellen der Carreira comprida und
der Cachoeira grande liegt dicht am rechten Flussufer eine etwa 1 km lange schmale Felseninsel, die
Ilha dos Martirios (6° 22' s. Br.), welche von S. nach N. allmählich ansteigt. Bei Hochwasser zum
grossen Theil überschwemmt, bleibt sie bei niederem Wasserstande mit dem benachbarten Ufer in Verbindung. Ihr Westrand fällt alsdann in steilen Wänden von 8—10 m Höhe zum Spiegel des Flusses
ab. Dieselben sind, stark ausgewaschen, von zahllosen Strudellöchern durchsetzt und in Gruppen von
Säulen, Pyramiden und Bogen zerklüftet. Das vorherrschende Gestein ist ein grobkörniger horizontal
geschichteter, in mächtigen Quadern sich spaltender Quarzschiefer. Das gegenüberliegende Ufer zeigt
gleiche Bildung. Der Fluss strömt hier gleichsam in einem natürlichen Canal von 150 m Breite mit
sehr geringem Gefälle.

Am Nordende der Insel, theils an ihrer höchsten Erhebung (ca. 15 m über dem niedrigsten Wasser),
theils etwas tiefer noch im Bereich der Hochwasserlinie sind auf den Felsquadern des Bodens eine
grosse Anzahl von Felssculpturen sichtbar, die zu den merkwürdigsten des Continents gehören und
zum Mittelpunkt eines ganzen Sagenkreises geworden sind.

Nur wenige Reisende haben sie gesehen, keiner hat sie genauer untersucht oder copirt. Sie erregten schon früh die Aufmerksamkeit und die Phantasie der ersten Paulistenschaaren des Pires Campos
und des berüchtigten Anhanguera (Bartholomeo Bueno der Aeltere), die Ende des XVII. Jahrhunderts
auf ihrem Zuge zu den Aroes und deren reichen Goldminen die Insel besuchten, um hier „den Hahn,
das Kreuz, die Dornenkrone und Hammer, die in den Fels gegrabenen Zeichen der Martirios Christi",
zu sehen.

Die genaueren Berichte darüber waren lange Zeit verloren und wurden erst Ende des vorigen
Jahrhunderts wieder ans Licht gebracht. Mittlerweile hatte sich die Sage der Sache bemächtigt und
bis auf den heutigen Tag zogen Abenteurer aus, die in Matto Grosso, am Xingu, am Paranatinga oder
sonstwo nach den wunderbaren Merkzeichen für den Weg zum Eldorado suchten, als deren Verfertiger man, wie stets, die Jesuiten vermuthete. Dass trotz der überlieferten klaren Beschreibung des
jüngeren Pires Campos, der seinen Vater begleitete[1]), Niemand mehr an die wirklichen Martirios
am Araguaya dachte, lag daran, dass die meisten Reisenden die Zeichen nicht fanden und deswegen
ihre Existenz leugneten. Man suchte sie nicht im Innern der Insel, sondern an den zum Fluss
abfallenden Steilwänden. So hat auch Castelnau und nach ihm Rufino Segurado nichts davon entdecken können.

Wir selbst fanden die richtige Stelle, die mindestens 100 Schritt inlands liegt, erst nach längerem
Suchen.

Die Figuren, von denen nur die wichtigsten skizzirt wurden, liegen gruppenweis ziemlich regellos
über einen weiten Flächenraum verstreut. Es sind entweder deutliche Konturzeichnungen von Thieren,
Menschen und stilisirten Figuren in Linien von 1—2 cm Breite und einigen Millimeter Tiefe, oder

---

[1]) Cunha Mattos, Corogr. de Goyaz, Rev. trim. Bd. X, 1 p. 143 ff.

einfache Einritzungen von sich kreuzenden Strichen und Bogenlinien ohne erklärbare Form. (Fig. 23 No. *1—38*.)

Unter den ersteren fallen zunächst einige sehr gut ausgeführte Thierbilder auf. Das grösste und gelungenste derselben ist ein Alligator (No. *1*) von 130 cm Länge; ferner ein Insekt (Ameise?), dessen ovale Leibsegmente durch flache Gruben wiedergegeben sind (No. *4*), sowie Eidechsen in verschiedener Ausführung (No. *6* u. *8*). Schon etwas schematisirt sind die Gestalten eines Vogels (No. *2*, mehrerer Affen (No. *15. 19. 27. 28*) und endlich menschliche Figuren. Die einfachste derselben (No. *34*) gleicht den aus Stroh zusammengedrehten Puppen, die man so häufig auf den Giebeln indianischer Häuser sieht. Vollständiger ist eine Figur mit ausgestreckten Extremitäten (No. *26*), welche nur drei Finger zeigen. Von besonderem Interesse ist eine hockende Gestalt (No. *7*), die in der Hand eine Axt und zwar offenbar eine Steinaxt trägt. Solche finden sich isolirt in No. *9. 5. 11* u. *29* dargestellt. Ihre Form stimmt ganz zu der mit Karaya-Flechtwerk gezierten Steinaxt des Trocadero-Museums (vgl. S. 17).

Wir haben endlich einige stilisirte Zeichnungen, die, obwohl gut erkennbar, nicht mit voller Sicherheit zu deuten sind.

Vor allem begegnet uns wiederum das charakteristische Kreuzornament, wie auf dem erwähnten Grabpfahle von einer Randlinie umzogen. Es mag auch hier dasselbe Thieremblem darstellen wie dort (No. *31* u. *33*). Kreuzfiguren anderer Art sind No. *2* u. *14*.

Ein Kreis mit zahlreichen durch kleine Grübchen angedeuteten Punkten getüpfelt (No. *23*) und eine rhombische Figur mit 16 solcher Grübchen in vier Reihen (No. *3*) erinnern sehr an die ganz analogen Formen bei einem der von uns besuchten obern Xingustämme, wo dieselben als „gefleckte Rochen" angegeben wurden. Diese Erklärung passt auch auf ein anderes Zeichen, das mit am häufigsten vorkommt und von den christlichen Besuchern als die „Dornenkrone" gedeutet wurde. Es ist ein Kreis, von dessen Peripherie kurze Strahlen ausgehen. Ihre Reihe ist an einer Stelle durch zwei länger ausgezogene Striche unterbrochen (No. *10. 12* u. *18*). Die grösste dieser Figuren zeigt in der Mitte eine T förmige Zeichnung.

Eine sehr merkwürdiges Zeichen ist No. *17*, bei dem man fast an eine symbolische Darstellung denken könnte. Ein ausgestreckter Arm mit der Hand und den fünf ausgespreizten Fingern, in der Mitte durch ein horizontales Querband gekreuzt, von dem 24 bis 25 kurze Fortsätze nach unten ausgehen.

Unter den einfachen Einritzungen, die meist sehr unbestimmt gehalten sind, finden sich zwei, welche durchaus mit den aus Nordamerika bekannten Darstellungen der Sonne wie der Himmelsrichtungen übereinstimmen, No. *25* u. *35*). Das erstere ist eine Art Svastika. Ob das Kreissegment mit Zacken rechts unten bei No. *35* dazu gehört oder eine im übrigen Theil verwischte Zeichnung wie No. *10* u. *12* ist, bleibt ungewiss.

Am meisten gleichen diese Petroglyphen denen von Guayana, und zwar besonders denjenigen, welche Im Thurn als „deep rock engravings" den „shallow engravings", die einen ganz andern Charakter tragen, gegenüber gestellt hat (a. a. O. 400).

Wir haben keine Ursache, auch hier an zwei wesentlich verschiedene und von verschiedenen Völkern herrührende Arten von Zeichnungen zu denken, schon weil sie sich, was in Guayana niemals der Fall ist, an demselben Orte mit einander gemischt vorfinden. Mit den bisher aus Ostbrasilien bekannten Felsbildern haben sie nichts gemein, wohl aber erinnern sie lebhaft an die in die Bäume geschnittenen oder in den Sand gemalten Zeichnungen der Xingustämme.

Das Vorkommen des Kreuzornaments in der für die Karaya charakteristischen Form macht es mehr als wahrscheinlich, dass ihren Ahnen jene Werke zuzuschreiben sind.

Schwieriger ist schon die Frage nach ihrer Bedeutung. Während man vielfach solche Feldsculpturen als Inschriften oder doch Zeichen einer längstvergangenen Epoche höherer Cultur hat ansprechen wollen, haben andere Berichterstatter sie als einfache bedeutungslose Spielereien zur Ausfüllung müssiger Stunden betrachtet. Die erste Ansicht ist nicht discutirbar, die letztere würde zwar auf jene in Baumrinden und Sand eingegrabenen Figuren anwendbar sein, nicht aber auf Werke, die in Anbetracht der primitiven Werkzeuge einen ganz ausserordentlichen Aufwand von Zeit und Mühe erfordert haben mussten.

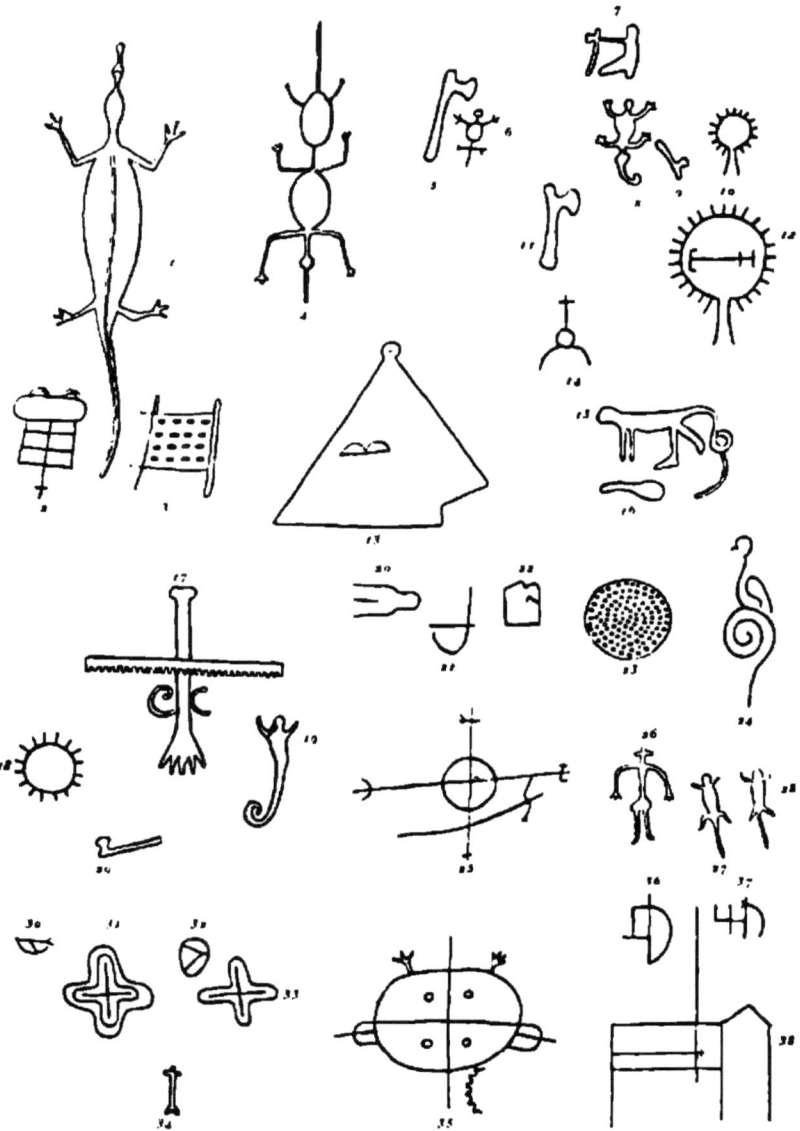

Fig. 23. Gruppen von Petroglyphen der Martiriosinsel (ca. ⅙).

Am meisten hat im Thurns Ansicht (a. a. O. 407) für sich, wonach die alten Indianer diese Zeichen zur Erinnerung an wichtige Ereignisse an Ort und Stelle eingegraben haben. Solche müssen gerade an Stromschnellen, wo sich in Guayana Zeichenfelsen fast ausschliesslich finden, am häufigsten vorgekommen sein, theils durch Unfälle der Schifffahrt, theils durch feindliche Zusammenstösse mit anderen Stämmen bei Fischzügen und ähnlichen Unternehmungen. Das würde für die vorliegenden Petroglyphen insofern nicht ganz passen, als gerade an den Katarakten des Araguaya die Felszeichnungen vollkommen fehlen, die Martiriosinsel vielmehr innerhalb einer absolut freien und ruhigen Flussstrecke liegt. Dennoch ist sie für die Karayá ein höchst wichtiger Punkt. Sie bildet nämlich genau die Nordgrenze ihres Gebiets und gerade hier kommen häufig auch die ihnen feindlichen Horden der Kayapó an den Strom heran. Mancherlei Kämpfe mögen in dieser Gegend zwischen beiden Nationen stattgefunden haben.

Die Deutung der Felssculpturen als Denksteine oder Grenzmarken, denen vielleicht noch Familienabzeichen hervorragender Führer beigefügt sind, scheint den obwaltenden Verhältnissen nach die annehmbarste zu sein.

II. ÜBER EINIGE VÖLKER AM RIO PURUS (AMAZONAS).

Seit seiner ersten vollständigen Befahrung durch Chandless 1864/65[1]) gehört der Purus nunmehr zu den bestbekannten grösseren Amazonastributären. Bei den ausserordentlich günstigen hydrographischen Verhältnissen des Stroms und dem Kautschuckreichthums seiner Uferwälder entwickeln sich Handel und Verkehr auf ihm von Jahr zu Jahr in ungeahnter Weise. Mehr und mehr weichen die zahlreichen Horden wilder Ureinwohner vor den Einwanderern zurück oder gehen, in den Bereich der Civilisation gezogen, ihrer Eigenart verlustig, so dass auch hier für die ethnologische Forschung bereits die letzte Stunde herannaht.

Der Purus liegt ganz innerhalb des grossen Amazonas-Tieflandes. Aus der Vereinigung des Alto Purus und des Aquiry (Rio Acre) entsprungen, zieht er sich in zahllosen Windungen, von einem Gewirr natürlicher Canäle (Igarapés) und Lagunen begleitet, durch die von dichten Wäldern erfüllte Ebene. Die in hohen steilen Thonwänden absteigende Terra firma bildet im oberen Laufe das Ufer. Weiter abwärts wiegt niederes Schwemmland vor, das in den Regenmonaten November bis April weithin überfluthet wird.

Die Verbindungskanäle, welche sich zur Hochwasserzeit zu den Zuflüssen der Nachbarströme eröffnen, sind für die Völkervertheilung in diesen Gegenden von bestimmendem Einfluss gewesen. So treffen wir an dem westlichen Nachbarflusse, dem Yurua, unter gleicher Breite dieselben Stämme wie am Purus. Ebenso findet zwischen dem Alto-Purus und dem Ucayale, zwischen dem Aquiry und dem Madre de Dios ein fortdauerndes Hin- und Herwechseln indianischer Horden statt.

Im Ganzen bietet uns das Stromgebiet des Purus ein ziemlich einfaches ethnographisches Bild dar. Mit Ausnahme der jetzt bedeutungslosen Mura an seiner Mündung, sowie einiger Panohorden am Alto Purus (wie die Kanamari am Rixala) gehören sämmtliche hier vertretenen Nationen der Maipure- oder Nu-Aruakfamilie an. Genaueres über ihre Verwandtschaft zu einander und zu andern Gliedern dieser grossen Völkergruppe lässt sich vorläufig noch nicht feststellen. Hervorzuheben ist indess, dass hier sprachlich nahe verwandte Stämme in Charakter und Lebensweise erheblich von einander abweichen, dass ferner mit weit entlegenen nördlichen Gliedern der Maipuregruppe grössere Aehnlichkeiten bestehen als mit den benachbarten.

Namentlich ist bei den Ipurina die Uebereinstimmung in Gebräuchen, Sitten und Geräthen mit den Aruakstämmen Venezuelas und Guayanas sehr auffällig.

Alle diese Purusvölker stehen noch auf einer ziemlich niedrigen Stufe der Gesittung. Nur die Maneteneri des Alto Purus, bei denen Chandless bereits selbstgefertigte Kleidungsstücke aus

---

[1] Ueber Chandless Reisen vgl. d. Bericht im Journ. of the Royal Geogr. Society Bd. V. und 35; s. a. Peterm. Mitth. 1867 p. 357 d., Karte Taf. 10

Baumwollgewebe fand, scheinen sich wahrscheinlich durch Cultureinflüsse von Westen her etwas weiter entwickelt zu haben.

In ihrer Lebensweise sind sie von dem, was der Fluss ihnen bietet, weit unabhängiger als die Karaya und die Xingustämme. Allein die Paumari sind ein vorwiegend ichthyophages Völkchen. Alle übrigen finden ihren Unterhalt durch Jagd und Landbau in den Hochwäldern der Terra firma und besuchen schon der Insektenplage wegen die Flussufer nur vorübergehend. Die Agricultur wird in ziemlich bescheidenem Umfange betrieben. Die grosse Menge wildwachsender Nährpflanzen in den Urwäldern lässt niemals Mangel an vegetabilischen Nahrungsmitteln aufkommen. Paranüsse, wilder Cacao, die wohlschmeckenden Früchte der Sorva 'Callophora utilis', des Massarandubabaums (Mimusops excelsa), eine ganze Reihe von Palmfrüchten, darunter die der verschiedenen Oenocarpusarten (Assai und Bacaba' stehen zu Gebote. Die hier für den indianischen Haushalt wichtigste Palme ist jedoch die wahrscheinlich schon seit Jahrhunderten kultivirte Pupunha (Guilielmia speciosa), deren kernlose fleischige Früchte an Nährwerth fast der Banane gleichkommen.

Neuerdings betheiligen sich auch die Indianer immer mehr an der Ausbeutung der für den Welthandel wichtigen Waldprodukte. Kautschuck, Copaiva, Sarsaparilha und das Andirobaöl werden von ihnen gegen europäische Artikel ausgetauscht. Der intimere Verkehr mit den weissen und farbigen Händlern muss natürlich auf ihr nationales Wesen in hohem Masse zersetzend einwirken.

Eine Hauptquelle der Demoralisation ist für alle daran Betheiligten der Handel mit Indianerkindern, der bei dem stets herrschenden Mangel an billigen Arbeitskräften am Purus noch in voller Blüthe steht. Nach mehrjähriger Halbsklaverei im Dienste der Weissen bringen die jungen Indianer in der Regel nicht die besten Kulturerrungenschaften in ihre Heimath zurück.

Unsere bisherige Kenntniss der Purusstämme war sehr gering. Gerade die ersten Exploratoren, wie Wallis, Chandless, Labre konnten bei der Art, wie sie reisten, der Ethnologie ihres Forschungsgebiets nur ganz nebenher Aufmerksamkeit schenken.

Auf Ausflügen von Hyutanaham (7° 40' s. Br.), dem Endpunkt der regelmässigen Dampfschifffahrt, habe ich selbst die Paumari flüchtig, die Yamamadi und Ipurina wenigstens soweit kennen gelernt, um durch die folgenden Notizen die erste Unterlage für weitere Forschungen geben zu können.

Die Ausbeute an Sammlungsstücken war freilich recht dürftig. Einmal ist der Kunstfleiss bei diesen Stämmen schon an und für sich wenig entwickelt, zweitens aber haben die Beziehungen zu den Kautschucksammlern die überhaupt zugänglichen Horden bereits sehr beeinflusst. Ein Besuch dem Verkehr völlig entrückter Stämme würde gewiss bessere Resultate ergeben, doch gehören dazu ausser unbeschränkter Zeit und Mitteln noch absolut zuverlässige Wegweiser, die nur durch Zufall zu erhalten sein dürften. Sind doch selbst die Dörfer der „befreundeten Stämme" absichtlich so versteckt angelegt, dass ihre Auffindung ohne kundigen Führer in diesen ungeheuren Urwaldwildnissen kaum möglich ist, besonders wenn zur Regenzeit alles niedere Land unter Wasser steht.

DIE PAUMARI

sind zusammen mit ihren nächsten Verwandten, den Yuberi des Tapaua und den Araua des Yurua auch unter dem Namen der Purupuru bereits seit längerer Zeit bekannt, und schon von Martius gesehen und beschrieben worden. Sie lebten damals im Mündungsgebiet des Stroms, während sie jetzt erst oberhalb der Einmündung des Rio Jacaré und Tapaua angetroffen werden. Ihr fernster Punkt stromaufwärts ist Hyutanaham.

Sie sind nur hinsichtlich ihrer Lebensweise als moderne Vertreter der Pfahlbautenzeit von Interesse, während sie im übrigen wenig mehr von ihren alten Geräthen und Einrichtungen beibehalten haben.

Seit langer Zeit im friedlichen Verkehr mit den Ansiedlern, eifrig betheiligt an der Kautschuck- und Copaivagewinnung, haben sie sich rasch die Produkte der Civilisation, Kleider, Feuerwaffen, Eisengeräthe u. s. w. angeeignet, andererseits aber auch den schlimmen Einflüssen der Kultur nicht widerstanden. Sie sind jetzt derartig dem Alkoholismus verfallen, dass ein einigermassen erträglicher Verkehr mit ihnen nicht mehr möglich ist. Gustav Wallis[1], der sie vor 30 Jahren noch in weniger demora-

---
[1] Die nachgelassenen Reisebriefe desselben Ausland 1875, p 361 ff., sind neben den kurzen Mittheilungen von Chandless unsere wichtigste Quelle für die Paumari.

lisirtem Zustande fand, schildert sie als ehrlich, treu und zuverlässig. Heute lässt sich darüber überhaupt nichts mehr sagen, da man äusserst selten einen Paumeri in zurechnungsfähigem Zustande antrifft.

Aeusseres, Tracht.

Die Hässlichkeit der Paumari wird im Allgemeinen übertrieben. Jüngere Individuen zeigen oft recht angenehme Züge (Taf. XIII. 1). Was ihnen mit zunehmendem Alter ein widerwärtiges Aeussere giebt, ist die eigenthümliche, in den feuchten Gegenden Südamerikas weit verbreitete Hautkrankheit, das in seinem Wesen noch wenig bekannte Mal de los pintos der Hispanoamerikaner, welches bei den Paumari ganz besonders intensiv auftritt.

Aeltere Leute erscheinen förmlich marmorirt, mit einem Durcheinander von schwarzen, weissen und blaugrauen, mehr oder weniger verwaschenen Flecken bedeckt. Hände und Füsse sind dabei oft völlig weiss und mit spärlichen schwarzen oder violetten Punkten getüpfelt. Die normale gelbbraune Hautfarbe sieht man nur bei den jüngeren, wo diese Pigmentanomalie sich auf wenige bläulichgraue Stellen mit weisslicher Randzone beschränkt.

Von der Pubertätszeit ab macht die Krankheit, die jedenfalls infectiös ist, aber die Befallenen nicht sonderlich belästigt, rapide Fortschritte.

Die Paumari sind von untersetzter Statur mit langen Armen und kurzen Beinen. Das Gesicht erscheint durch die auffallend starken Kieferwinkel fast rechteckig. Die vorstehenden Jochbogen, die kleinen, etwas schräg geschlitzten Augen, die oft eingedrückte obere Nasenpartie geben vielen Individuen, namentlich den Weibern, ein mongoloides Aussehen. Brachycephalie wiegt vor.

Das Haar ist in seiner Beschaffenheit sehr verschieden; straffes welliges und lockiges finden sich in ziemlich gleichem Verhältniss.

Nasenscheidewand und Unterlippe sind durchbohrt, doch kamen die darin getragenen Zierrathe mir nicht zu Gesicht.

In ihrer ursprünglichen Nacktheit lassen die Paumari sich kaum ausserhalb ihrer Hütten sehen. Europäische Kleidung, d. h. Hemd und Hose, ist ihnen bei der furchtbaren Insektenplage, der sie fast das ganze Jahr hindurch ausgesetzt sind, ein dringendes Bedürfniss. Das den Purusstämmen eigenthümliche Suspensorium der Männer und die Fransenschürze der Weiber sollen von vielen Individuen unter ihrer Kleidung getragen werden.

Lebensweise und Obdach.

Die Paumari bewohnen ausschliesslich die niederen Ufer des Flusses selbst und der ihn begleitenden Lagunen, um der Fischerei und dem Schildkrötenfang zu obliegen.

Fig. 11. Construction der Paumari-Seewohnung.

Seit Martius' Zeit, wo sie noch so gut wie gar keinen Landbau trieben, hat derselbe sich etwas entwickelt, beginnt aber in einigen Gegenden wieder abzunehmen, da die jetzt massenhaft aus den von Dürren heimgesuchten Nordostprovinzen einwandernden Kautschucksammler, die stets unter einem empfindlichen Mangel an frischer Pflanzennahrung zu leiden haben, das Eigenthum der Indianer wenig respektiren. Die Maniokwurzel soll angeblich von ihnen nicht kultivirt werden. Sie bereiten Farinha aus einer Leguminose und einer Knollenfrucht (n. Wallis).

Wohnungen. Die einfachen halbcylindrischen Palmstrohranchos, welche die Paumari zur Zeit des niederen Wasserstandes auf den Sandbänken errichten, bieten nichts Besonderes. Um so eigenartiger sind ihre Seewohnungen (*jura*) inmitten der Lagunen, die sie zur Hochwasserzeit beziehen. Sie liegen, um vor der Piumplage einigermassen geschützt zu sein, stets in der Mitte des Sees, und ruhen nicht auf Pfahlrosten, sondern auf Flössen. Jedes Dorf besteht aus 8—12 derartigen schwimmenden Häusern für eine oder zwei Familien.

Ihre Construction ist sehr einfach Fig. 24. Auf drei oder vier mittelst Sipos zusammengehaltenen Baumstämmen liegen zwei Schichten rechtwinklig sich kreuzender Stangen, deren oberste mit dünnen Palmstengeldatteln und Mirititmatten belegt, den Fussboden bildet. Das Dach besteht ebenfalls aus Palmfasermatten oder Blattgeflechten, die über ein Gestell von vier bis fünf gebogenen Stangen befestigt sind. An einer der Schmalseiten befindet sich der Eingang, überwölbt von zwei weiteren zum Dachgiebel zusammenlaufenden Stangen, die nun je nach Bedarf noch mit Matten belegt werden und so eine Art Vorraum bilden. Nicht die ganze Bodenfläche ist überdacht, vielmehr bleibt durch die Vorsprünge des Baugerüsts ringsherum ein etwa 1 m breiter Umgang frei. Das ganze Wohnhaus ist 1,75—2 m hoch und 5—6 m lang.

Feuer wird auf den Seewohnungen niemals angezündet. Der Küchenplatz befindet sich am Ufer.

Geräthe und Industrie.

Die Kanus (*hanama*) der Paumari sind kurze hinten abgestutzte Einbäume mit steilen Seitenwänden. Von Rudern (*wawami*) wurde ein Exemplar von trefflicher Arbeit erworben (Taf. XV. 11). Dasselbe ist 148 cm lang, mit krückenförmigem Griff und langem, 18 cm breitem spitzovalem Blatt.

Waffen. Die älteren Berichte heben ausdrücklich hervor, dass die Paumari sich nicht des Bogens, sondern des Wurfbretts zum Schleudern ihrer Harpunen und Pfeile bedienten. Einige wenige Exemplare dieses Instruments sind in europäische Sammlungen gelangt und von Uhle in seiner Abhandlung über Südamerikanische Wurfbretter genauer beschrieben worden.

Martius Angabe[1], dass dieselben zum Schleudern von Steinen und Thonkugeln dienten, beruht jedenfalls auf einem Missverständnis.

Zu Wallis' Zeit sind schon Bogen (*budaii*) im Gebrauch gewesen, die nunmehr gleich dem Wurfbrett dem Feuergewehr haben weichen müssen.

Eine Keule von ausgezeichneter Arbeit findet sich in der Martiusschen Sammlung zu München (Abb. im Atlas z. Beschr. d. Reise v. Spix u. Martius).

Die Industrie der Paumari beschränkt sich gegenwärtig auf das Flechten von Palmfasermatten (*kamiti*) und einfachen Körben *katiri*. Das Exemplar der Sammlung ist cylindrisch, aus schmalen in drei Richtungen im Winkel von 60 Grad sich kreuzenden Spähnen, eine am Purus sehr gewöhnliche Form. Thongefässe werden meist durch Tausch von anderen Stämmen (Ipurina und Katauíxi) erworben. Eiserne Kessel und Blechgefässe sind schon allgemein im Gebrauch.

Baumwolle wird von ihnen weder cultivirt noch verarbeitet. Hängematten sind bei der Art ihrer Lebensweise auf Sandbänken und Flössen nicht verwendbar.

Ueber ihre

Sitten und Gebräuche

lässt sich Wallis' Angaben nur wenig hinzufügen. Nach der Geburt des Kindes enthält sich der Vater einige Zeit der Fleischnahrung, ebenso auch sein Schwiegervater, wenn er dasselbe Haus bewohnt! Ein Fest wird gefeiert, wenn das Kind zum ersten Male Fleisch erhält. Man führt hierbei den „Schildkrötentanz" auf, nach dessen Beendigung der Medizinmann *arahua*, dem Kinde etwas Cachaça (Rum) und gekautes Schildkrötenfleisch eingiebt. Dass die Paumari sich in gewissen Perioden einem lang andauernden Fasten unterwerfen, wurde mir auch bestätigt.[2]

Zwei Gräber wurden an der Lagune von Hyutanaham von mir geöffnet und untersucht. Die Leichen (ein Weib und ein Knabe) befanden sich darin in hockender Stellung. Ueber dem niedrigen Hügel war aus Matten eine kleine Hütte errichtet.

[1] Ethnogr. I p. 481.
[2] Vgl. Chandless' Angaben über das Fasten der Araua am Yurua. Journ. of the R. G Soc. Bd. 35, p. 30 ff.

DIE YAMAMADI.

Sie gehören zu den unbekanntesten Stämmen am Purus und sind von den früheren Reisenden nur ganz beiläufig erwähnt worden, da sie nur selten am Flussufer erscheinen. Die folgenden Notizen sind so ziemlich die ersten über sie vorliegenden Nachrichten.[1])

Die Yamamadi bewohnen das Binnenland auf dem linken Ufer des Purus zwischen dem Mamoria mirim und dem Pauiny, von wo sie sich bis an den Yurua ausbreiten.

Trotz ihrer nahen sprachlichen Verwandtschaft mit den Paumari sind sie doch in ihrer körperlichen Erscheinung und Lebensweise von den letzteren sehr verschieden.

Aeusseres, Tracht und Schmuck.

Sie sind von schlanker, graciler Statur. Das Gesicht ist im allgemeinen wohl gebildet, zuweilen von fast europäischem Schnitt. Nur die etwas hervortretenden Jochbeine und die relativ niedrige Stirn,

Fig. 25. Schambekleidung der Männer (½).

Fig. 26. Ohrzierrath (½).   Fig. 27. Aufgereihte Zähne (½).   Fig. 28. Oberarmband mit Federgehänge (½).

der breite von dünnen Lippen eingefasste Mund geben dem Typus etwas Fremdartiges. Ihre Hautfarbe ist, wie die aller reinen Waldbewohner Brasiliens, sehr hell. Sie sind gleichfalls, wenn auch in geringerem Grade, von der bei den Paumari erwähnten Hautaffection befallen. Das Haar ist fein, schwarzbraun und straff, seltener wellig. Es wird über der Stirn gerade abgeschnitten und hängt hinten lang herab. Die wenigen uns zu Gesicht gekommenen Weiber — die meisten waren offenbar versteckt — boten nichts besonders Charakteristisches. Die Körpergrösse beider Geschlechter ist ziemlich gleich. Bemalung scheint nicht geübt zu werden (Taf. XIII. 2).

Die **Schambekleidung** der Männer ist dieselbe wie bei den meisten Purusvölkern. Das Glied ist mittelst eines an der Gürtelschnur befestigten Suspensoriums (*kumhryá*) nach oben gezogen. Dasselbe besteht aus einem 6—7 cm langen mit Baumwollfaden umwickelten Hölzchen, an dessen Hinterseite

---

[1] Die vor etwa zehn Jahren angestellten Missionsversuche bei Porto da Providencia an der Mündung des Mamoria mirim schlugen fehl, da die Indianer sich bald der schlechten Behandlung, der man sie unterwarf, entzogen.

eine Schlinge das Präputium festhält, während vorn ein Büschel zu einem Wulst zusammenlaufender Schnürchen fransenartig herabhängt (Fig. 25).

Die Weiber tragen eine einfache kurze Fransentanga (*hamatuqui*). Um den Gürtel binden beide Geschlechter auch wohl Schnüre aus mattweissen Glasperlen (nur solchen!).

Nach Art der Bororo tragen die Männer vielfach kreuzweis über Brust und Rücken gelegte, aus Baumwolle geflochtene Stränge.

Ohrläppchen und Nasenscheidewand werden den Kindern vom Häuptling mittelst eines spitzen Palmstachels durchbohrt. Ohrzierrathe sind Knochen oder Muschelstückchen mit lang herabhängenden kleinen Federbüscheln (*mašiti*) oder häufiger kurze mit einer runden Muschelscheibe (von einer Paludinaart) versehene dicke Rohrstäbchen (*köbi*) (Fig. 26). Im Nasenseptum steckt ein kurzer hohler Vogelknochen (*urus*).

Als Halsschmuck dienen aufgereihte Affen- und Wildkatzenzähne, die von einer einfachen oder gedoppelten starken Baumwollschnur in Achtertouren umschlungen werden (Fig. 27).

Federzierrathe sind wenig im Gebrauch. Der einzige erworbene Kopfschmuck ist ein Stirnband mit einer Doppelreihe kurzer Schnüre, an deren Enden Tukanfederbüschel mittelst Wachs und Harz angeklebt sind (Taf. XV. 1, vgl. Taf. XIII. 2).

In gleicher Ausführung kommen auch Armbänder vor. Andere sind einfache in kleine Federbüschel auslaufende Schnüre. Lange Quasten aus Papageifedern (*akruš*) werden an einer Schnur über Brust und Bauch herabhängend getragen.

Bänder von 2—3 cm Breite, aus starkem mit Wachs überzogenem Geflecht, mit krempenartig überstehenden Rändern schmücken den Oberarm. Ihr Verschlusstheil ist verstellbar. Die Schnüre desselben endigen ebenfalls in Federrosetten, in deren Centrum bisweilen noch ein Büschel Affenhaar eingebunden ist (Fig. 28).

Charakter und Lebensweise.

Die Yamamadí hausen ausschliesslich in den dichten Hochwäldern der Terra firma und vermeiden die Flussufer, deren Insektenplage sie scheuen. Da sie keine Kanus besitzen, so kann Fischfang von ihnen nur nebenbei betrieben werden. Nur wenn zur Hochwasserzeit auch die bis zu den Baumkronen gefüllten Igarapés und die zurückgestauten Waldbäche Fische liefern, stellen sie diesen mit Pfeilen, Harpunen und Fallen nach. Ihre Hauptbeschäftigung ist Jagd und Ackerbau.

Mit den Erzeugnissen ihrer bescheidenen, aber doch ergiebigen Bodencultur, besonders Bananen, Ananas und Pupunhafrüchten versorgen sie auch die nachstgelegenen Kautschuckfaktoreien im Austausch gegen Eisenwaaren und Tabak. Im übrigen halten sie sich vom Verkehr mit den Weissen möglichst fern, aus Furcht vor Krankheiten. Catarrho não tem? ist auch bei ihnen die erste stereotype Frage, die an den Fremden gerichtet wird.

Fern von den zersetzenden Einflüssen der Kultur haben sie so durchaus den Charakter eines unverdorbenen Naturvolkes bewahrt. Mässigkeit, Gastfreiheit und Ehrlichkeit sind ihre bemerkenswerthesten Tugenden. Im Tauschhandel bekundeten sie eine auffallende naive Unbeholfenheit. Gegenstände, die ihnen nicht gefielen, nahmen sie zwar an, warfen sie aber heimlich wieder fort.

Wohnungen. Die von mir besuchte Yamamadihorde bei Hyutanaham hatte kurz zuvor ihren Wohnsitz gewechselt und war gerade mit der Anlage neuer Pflanzungen beschäftigt. Ihre Wohnstätten waren daher nur provisorisch, einfache Ranchos (*pašakuru*) von eigenthümlicher Construction. Ihre Grundfläche ist rechteckig, 4—6 m lang und 2—3 m breit. Die Höhe des Ganzen beträgt etwa 3 m. Vier zusammengebogene, paarweis durch Längslatten verbundene Stangen tragen die das Dach bildenden, in Längsrichtung angeordneten Palmblätter. Jede der Dachstangen kreuzt sich mit je einer in entgegengesetzter Richtung eingerammten, von innen nach aussen geneigten Stange, die als Strebepfeiler wirkt. Letztere sind durch Querbalken verbunden, die in der Mitte oft noch an einem starken senkrecht eingesetzten Pfahl oder einem passenden Bäumchen befestigt sind (Fig. 29).

Eins ihrer festen Häuser (*hóia, yobi*) befand sich in der Nähe auf der von ihnen verlassenen Pflanzung (Fig. 30). Die Grundfläche ist elliptisch fast oval, im grossen Durchmesser 12, im kleinen 6 m messend. Der Eingang liegt an einer Schmalseite. Drei mediane Stützbalken von ca. 7,5 m Höhe tragen den Dachfirst. An sie schliesst sich ein vierter, um ein Viertel kürzerer, welcher die

Wölbung der geschlossenen Schmalseite stützt. Eine horizontale Stange hält diese vier Tragbalken zusammen. Die Stangenreihen der Seitenwände wölben sich über einer etwa drei Meter über dem Boden angebrachten horizontalen Balkenreihe, welche von starken, leicht geneigten Strebepfeilern gehalten wird. An jeder Langseite befinden sich drei solcher Stützen, an jeder Schmalseite nur eine. An der Thürseite laufen die Vertikalstangen ohne medianen Stützbalken zum Giebel zusammen (Fig. 30).

Fig. 19. Provisorisches Wohnhaus.

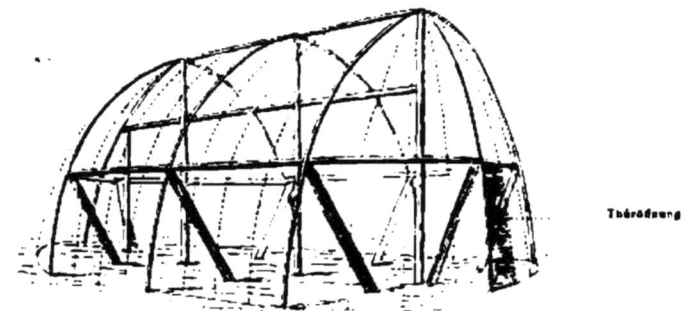

Fig. 30. Festes Wohnhaus (Schema).

Indem man die umlaufenden Horizontalbalken mit zwei Medianpfosten durch ein Lattengerüst verbindet, schafft man eine Art Bodenraum zur Aufbewahrung von Vorräthen, zu dem eine Leiter führt. Das Ganze ist mit Palmblättern (Paxiuba) gedeckt.

Von Hausthieren halten die Yamamadi in grösserer Anzahl nur Hunde von kleiner Rasse, aber ausserordentlicher Bösartigkeit, so dass sie dem Fremden, der ohne vorherige Anmeldung ein Dorf betritt, direkt gefährlich werden können.

Von wilden Thieren trafen wir nur kleinere Säuger, Meerschweinchen, Agutis u. s. w. bei ihnen an, während Vögel, namentlich Papageien, gänzlich fehlen.

Geräthe, Waffen u. s. w.

Der Hausrath der Yamamadi ist sehr einfach. Sie bedienen sich wie fast alle Maipurestämme der Palmfaserhängematten (*yeqñ*). Doch bestehen nur die Längsschnüre aus diesem Material. Die Durchschüsse sind dagegen einfache gedrehte Embirabaststreifen in Abständen von 10—12 cm.

Ueber die Spindeln mit schmucklosen Knochenwirteln (*qakiniui*, Verbalform) ist nichts Besonderes zu bemerken. Dagegen sind die Garnknäuel (*uuyu*) sehr eigenthümlich. Sie sind walzenförmig mit stark eingezogenen Seitenflächen, aus deren Centren die langen Anfangs- und Endstrahnen quastenartig heraushängen (Fig. 30).

Sehr roh sind die aus einfachen spitzen Holzspähnen gefertigten Kämme (*maurra*) von trapezoider Gestalt. Meisselförmige Kratzer aus Agutizähnen mit kurzem Schaft aus Affenknochen (*tinamuhuá*) sind zum Zuschärfen der Pfeile im Gebrauch.

Töpfe (*dauhá*) werden wahrscheinlich aus Mangel an geeignetem Material, bei Hyutanahern wenigstens, nicht angefertigt, sondern von den Ipurina bezogen. Als Schöpflöffel dienen grosse Anodontaschalen (*duri*). Die Cuyen (*kali*) sind unverziert.

Körbe (*Márirí*) unterscheiden sich nicht von denen der Paumari (Taf. XV. 12).

Als Mörser oder Piloës (*hoá*) dienen, wie bei den Karaya, ausgehöhlte cylindrische Holzblöcke.

Die Maniokreiber (*putana*) sind ebenfalls von der gewöhnlichen Form, rechteckige, geschweifte Brettchen von elliptischem Querschnitt (35—40 cm lang, 10 cm breit), in der Mitte mit unregelmässigen Reihen kurzer Palmholzstacheln versehen (Taf. XV. 3).

Fig. 31. Garnhaspel.   Fig. 32. Hölzer und Bohrer zur Feuererzeugung.

Eigenartig ist dagegen der Apparat zum Auspressen der Maniokmasse (*kximari*). Es ist ein 1½ m langes, 8 cm breites concaves Bastgeflecht, dessen Enden in schmale Binden auslaufen. Man legt die Masse auf die muldenförmige Innenfläche auf und quetscht sie durch spiraliges Zusammendrehen des Geflechts aus.

Auch die Hölzer zur Feuererzeugung (*wauri*) weichen von der gewöhnlichen Form ab. Der Bohrer wird nämlich in der Grube des angebohrten Holzes durch ein drittes Holzstück festgehalten, welches mit seiner unteren glatten Fläche, dem letzteren, dessen Längshälfte er bildet, aufliegt und mit dem einen Ende einen Druck gegen den Bohrer ausübt (Fig. 32). Als Zunder dient trockene Painawolle.

Die Feuerfächer sind einfache fahnenartige Palmblattgeflechte (Taf. XV. 6).

Der Tabak (*nine*) wird wie bei allen Purusindianern ausschliesslich geschnupft.[1])

Zum Zerstossen der getrockneten Blätter dient ein kleiner Mörser (*muistari*) aus einer harten Fruchtschale (meist der Bertholletia excelsa) mit hölzernem Stössel. Das Pulver wird in einem einfachen Schneckengehäuse (Ampullaria) aufbewahrt und mittelst eines hohlen Vogelknochens (*yiri*) oder eines zusammengerollten Blattes in die Nase eingezogen.

Waffen der Yamamadi sind Bogen und Pfeile, Lanzen und Blasrohre.

Die Bogen (*didile*) sind aus schwarzem Palmholz, 180—190 cm lang, am Ende 2, in der Mitte 3 cm breit. Die Innenseite ist flach, die äussere leicht convex (Fig. 33 b). Die Enden laufen in 2—4 cm lange, stark abgesetzte Spitzen aus. Das Bogenholz verjüngt sich nach den Enden zu nur im Breiten-, nicht aber im Dickendurchmesser.

Ein Kinderbogen misst 115 cm in Länge bei 1,7 cm Breite. Die Sehne (*mabini*) ist eine einfache gedrehte Embiraschnur.

Auch die Pfeile (*hadü*) weichen von den gewöhnlichen Formen ab. Der Rohrschaft aus Uba ist fingerdick, ohne eigentliche Befiederung. In der Baumwollumwickelung des untersten Endes stecken nur einige kurze Zierfederchen (Fig. 33 a). Eine Kerbe ist nicht vorhanden. Der Schaft trägt einen Einsatz aus Palmholz (⅔ der Länge des Ganzen), dessen Ende (in 15—18 cm Länge) mittelst Piranha-

[1] Seine Zubereitung und Verwendung ist die gleiche wie bei den Ipurina (s. S. 6).

zahnchen dreikantig zugespitzt und in Abständen von 3—4 cm mit schwachen Einkerbungen versehen ist. Ob letztere den Zweck haben, das Abbrechen der Spitze zu bewirken, so dass ein Theil in der Wunde zurückbleibt, steht dahin. In ihrer ganzen Ausdehnung ist die Spitze mit einer dicken Schicht Pfeilgift überstrichen. Die Gesammtlänge des Pfeils beträgt im Mittel 170 cm.

Die Specialwaffe der Yamamadi ist das Blasrohr (*hirapuhai*). Dasselbe besteht nicht, wie in andern Gegenden Südamerikas aus Taquara oder dem ausgehöhlten Stamm der Paxiubapalme, sondern wird von einem dicotylen Baume geliefert. Ein junges Stämmchen wird der Länge nach gespalten, beide Hälften mit Längsrinnen versehen und mittelst spiralig herumgewundener Waimbebinden, durch Wachs und Harz verfestigt, zusammengebunden (vgl. Taf. XIII, 2).

Zur Ausglättung des Rohrs dient ein langer sehr gleichmässig gehobelter Wischstock (*Baui*) aus Palmholz. Das längste der vorliegenden vier Blasrohre misst 330 cm, der dazu gehörige Wischstock 342 cm, das kleinste 271 cm. Am Mundstück von 4 cm Durchmesser verjüngt sich das Rohr bis zur Mündung auf 2 cm. Das Kaliber beträgt bei allen 12 mm.

Fig. 33. Bogen und Pfeil.
a Gürtpfeil, Spitze, Schaftende und Querschnitt ($^1/_3$); b Bogenquerschnitt ($^1/_2$); c zweispitzige Harpune ($^1/_2$).

Etwa 50 cm vom Mundstück befindet sich das Visir, entweder ein einfacher Wulst aus Wachs oder ein weisses mit Wachs angeklebtes Knochen- oder Muschelstückchen. Die Projectile sind dünne Palmholzspähnchen (*seraqa*) von ca. 40 cm Länge. Ihre ausserst scharfen Spitzen sind ebenfalls vergiftet. Sie werden in einer starken Palmblattkappe statt des Köchers getragen (Taf. XV, 2).

Zum Abschluss der Luft wird das untere Ende des Pfeilchens vor seiner Einfügung in das Rohr mit einem Bausch von Painawolle Samen der Eriodendron Samauma' umwickelt. Der Schütze führt das Material in einem sehr zierlichen aus elastischen Sipos (*lamu*) geflochtenen Hängekörbchen (*hori* mit sich (Fig. 34 a).

Die Verticalspähne kreuzen sich am Boden in drei Richtungen, sechseckige Löcher offen lassend. Eine derselben wird spiralig nach oben durch die andern durchgeflochten und schliesslich mit den Enden derselben verknotet (Fig. 34 b).

Ein weiteres Requisit des Schützen ist ein 12 cm breiter Gürtel *kumatu* aus Baumrinde, der um die Weichen gelegt, angeblich kräftigeres Blasen ermöglicht (vgl. Taf. XIII, 2). Beim Schiessen drückt die rechte Hand das Mundstück fest an die Lippen, so dass diese den ganzen äusseren Rand desselben umfassen. Unmittelbar vor dem Schuss wird der Pfeil noch einmal mit den Zähnen wieder herausgezogen und mit der Zunge wieder hineingedrückt. Die Tragweite dürfte mindestens 100 Schritt betragen. Das Blasrohr dient hauptsächlich zur Affenjagd. Als Kriegswaffe kommt es schon seiner Unhandlichkeit wegen kaum in Anwendung.

Ueber das Pfeilgift (*ihi*) vgl. die betreffenden Bemerkungen im folgenden Abschnitt (S. 64).

Die Lanzen (*ania*), zum Stoss und Wurf auf nahe Distanzen, auch auf der Tapir- und Unzenjagd verwendet, bestehen ganz aus schwerem Holz (Tecoma oder Jacaranda). Sie sind 150—210 cm lang, wovon $^1/_4$—$^1/_3$ auf die Spitze kommt. Letztere ist vier- oder sechskantig und meist mit einem herabhängenden Federbüschel geschmückt. Die Dicke des Schafts beträgt bis zu 4 cm im Durchmesser (vgl. Taf. XIII, 2).

Die Fischereigeräthe bestehen, abgesehen von den importirten Angelhaken, aus Fischspeeren und Fallen. Erstere sind in der Regel doppelspitzig. Das erworbene grosse Exemplar besitzt einen 157,5 cm langen Schaft aus Uberohr (Gynerium saccharoides), welcher zwei 40 cm lange mit Knochenspitzen versehene Palmholzeinsätze trägt. Dieselben sind im unteren Drittel durch eine Schnur zusammengehalten, welche sie mit dem Rohrschaft verbindet (Fig. 33 c).

Der kleinere misst 180 cm, wovon 19 auf die Holztheile kommen. Ausserdem ist ein einfacher Pfeil von 150 cm Länge vertreten. Kleinere Fischpfeile mit mehreren Spitzen stellt man aus gespaltenen Palmblattrippen her.

Sehr sinnreich construirte Fischfallen (*anau*) werden in den überschwemmten Wäldern reihenweise wie die Schlingen im Dohnenstrich aufgestellt und täglich entleert (Fig. 35).

Eine Reuse wird im Wasser durch das gablige Gestell CC, C_0 in horizontaler Lage festgehalten.

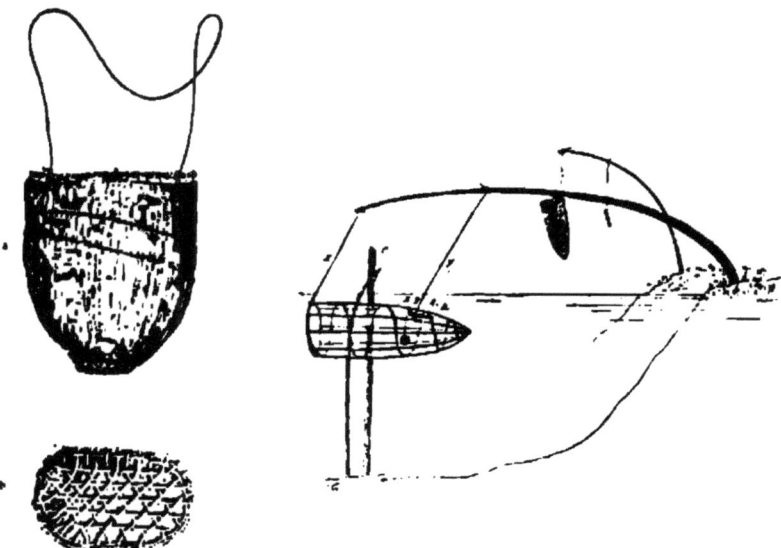

Fig. 34. a Hängekörbchen des Mamorè-schülers (¹/₁₂); b Bodengeflecht desselben (¹/₃).   Fig. 35. Fischfallen.

Ihr Mündungsrand ist durch die Schnur x an der Spitze eines stark gebogenen Stämmchens befestigt. Eine zweite Schnur y etwas weiter unterhalb abgehend, erhält den hinteren Theil der Reuse mit Hilfe des Sperrhölzchens B B, in seiner Gleichgewichtslage. Letzteres greift mit dem hinteren Ende unter eins der Querstäbchen der Reuse, mit dem vorderen unter den Stift $A A_1$, der den Köder trägt. Wird $A A_1$ beim Erfassen des Köders nach vorn gezogen, so wird das Sperrholz frei. Die Reuse, nur noch im Vordertheil von x gehalten, wird durch das zurückschnellende Stämmchen aus der Gabel heraus nach oben gezogen, so dass der Fisch in derselben mit dem Kopf nach unten am Baume hängen bleibt.

Als Köder dienen hauptsächlich Andirobafrüchte.

Bemerkungen zur Volkskunde.

Auch bei den Yamamadi bot sich wenig Gelegenheit, über die socialen Verhältnisse, abergläubischen Vorstellungen und Traditionen Mittheilungen zu erhalten. Von allgemeinerem Interesse sind immerhin folgende drei Beobachtungen.

1. Die Jagdreviere jeder Familie sind durch bestimmte Grenzmarken bezeichnet. Es sind dies Büschel von Thierhaaren (vom Capivara, Aguti, Affen, Stacheln des Cercolabes prehensilis u. s. w.), die

in ein gespaltenes Holz geklemmt am Hauptwege, der vom Dorf in den Wald führt, in bestimmten Abständen aufgepflanzt sind.

2. Eine Krankenbehandlung, der ich beiwohnte, unterschied sich dadurch von der gewöhnlichen indianischen Kurmethode, dass sie vollkommen lautlos, ohne Saugen oder Anblasen des Patienten, vor sich ging. Die Umgebung der leidenden Stelle — es handelte sich um eine linksseitige Supraorbitalneuralgie — wurde mit der linken Hand gekniffen und gezupft, während die rechte den Kranken fest im Genick packte. Nach einigen solchen Griffen blies der Zauberer in die hohle Faust und thut, als ob er einen Gegenstand zwischen den Fingern aufmerksam betrachte. Diesen imaginären Krankheitsstoff rieb er sich sodann in die Brustgegend oder der Achselhöhle ein. Nachdem sich dieses Spiel sechs bis acht Mal wiederholt hatte, wandte sich der Arzt um, strich sich die Hände an einem Balken ab und verliess die Hütte. Draussen grub er ein Loch, in welches er Wasser, das aus seinem Munde über die Hände spülte, abfliessen liess, rieb nochmals sorgfältig seine Hand ab und schüttete das Loch wieder zu. Die Sitte, kranke Körpertheile mit Federn zu bekleben, wurde auch hier beobachtet.

3. Von der Hütte eines Mannes, der vier Tage vor unserer Ankunft von einer Schlange gebissen war und sich nun bereits auf dem Wege der Besserung befand — als Medicament war Tabak applicirt worden — hatte man einen langen Zaun aus horizontalen Stangen weit in den Wald hinaus gebaut. Nach Angabe des uns begleitenden Ipurina sollte diese Einrichtung dem Kranken ermöglichen, behufs Defäcation vor das Dorf zu gelangen. Ob diese Erklärung richtig ist, steht dahin. Jedenfalls liegt eine abergläubische Vorstellung vor. Entweder darf ein derartiger Kranker von Niemand zur Hülfeleistung berührt werden oder wir haben einen analogen Gebrauch wie bei gewissen Stämmen am Orinoco, die nach alten Berichten vom Hause eines Schwerkranken oder Moribunden aus eine Schnur in den Wald hinauszuziehen, um der Seele den Weg zu weisen.

Begräbniss. Die Todten werden in hockender Stellung im Walde beerdigt unter Beigabe ihrer Waffen, welche zerbrochen werden. Ueber dem Grabe wird eine kleine Palmstrohhütte errichtet. Die Knochen werden später gesammelt und in der Hütte des Verstorbenen aufgehängt. Das von mir eröffnete Grab wurde deshalb leer gefunden.

DIE IPURINA ODER KANGITI [1])

bilden die Hauptmasse der indianischen Bevölkerung des oberen Purus. Sie leben in zahlreiche kleine Horden zersplittert auf dem rechten Ufer vom Ituxy bis zum Aquiry, am Alto Purus bis zum Rio Yacu. Die dort hausenden Maneteneri oder Katiana (Kathayana), welche bereits mit den Bolivianern Handel treiben sollen, sind linguistisch von den Ipurina kaum zu trennen, werden auch von diesen selbst als stammverwandt betrachtet. Ebenso stehen die Kanamari des mittleren Yurua den Ipurina sprachlich sehr nahe. Die Kanamari am Iriapé zwischen Aquiry und Alto Purus scheinen dasselbe Volk zu sein, während die weiter westlich oberhalb des Rixala genannten Kanamari oder Kanawari den wenigen von Chandless gesammelten Wörtern nach zur Panogruppe gehören, also ihre nächsten Verwandten in den Konibo und Karipuna haben.

Die Ipurina selbst zählen folgende Horden als Stammesgenossen auf:

Uariniri (Uainamari)   Katiniri.
Simoakuri.   Hanauiri.
Keripoakuri.   Maneteniri.
Kasarari (am oberen Ituxy).   Idyukuriniri.

Ihre Sprache ist ein echter Aruakdialekt, der sich grammatikalisch dem Moxo, lexikalisch dem Baré und Manao nähert.[2])

Die Ipurina sind ein kriegerisches Volk, in steter Fehde mit einander und den Nachbarstämmen, weit und breit übel berüchtigt wegen ihres anmassenden Auftretens, ihrer Treulosigkeit und Streit-

---

[1]) Ihr eigentlicher Name. Die Bezeichnung Ipurina stammt von den ihnen nördlich benachbarten Katukina.
[2]) Ihr dumpfer I-Laut des Tupi-Guarani findet sich auch in dieser Sprache und ist im Text durch į wiedergegeben. Die Accentuierung ist äusserst unregelmässig.

sucht. Im höchsten Masse abergläubisch und misstrauisch, stets Verrath witternd und stets selbst zu
solchem geneigt, erschweren sie dem Reisenden längeren Verkehr ungemein und stellen seine Geduld
oftmals auf eine harte Probe.
Selbst Chandless, der sie ziemlich günstig beurtheilt, ihr Selbstgefühl und kriegerische Tüchtigkeit
rühmt, gesteht doch zu, dass bei ihnen „murders and war are common for sake of a trifle" (J. of the
R. geogr. Soc. Bd. 36. p. 97). Coronel Labre schildert ihren Charakter in den schwärzesten Farben,
beschuldigt sie auch, wahrscheinlich mit Recht, der Anthropophagie. Der Verkehr mit den
Seringueiros, insbesondere der bei ihnen am meisten florirende Kinderhandel mag manches zur
Depravation dieser Wilden beigetragen haben. Dass aber wohlwollende Behandlung auch auf sie
ihre Wirkung nicht verfehlt, bewiesen die längere Zeit in meinen Diensten stehenden jungen Ipurina,
deren Intelligenz, Anhänglichkeit und Dienstfertigkeit mich im Verkehr mit ihren freilich oft wenig
Vertrauen erweckenden Stammesbrüdern wesentlich unterstützt haben.

Wir sind über die Ipurina verhältnissmässig besser unterrichtet, als über die vorher besprochenen
Stämme. Ausser Chandless hat auch Coronel Labre manches über sie mitgetheilt und eine nicht unbedeu-
tende ethnologische Sammlung für das Nationalmuseum zu Rio zusammengebracht, aus der einige von
mir nicht erworbene Gegenstände skizzirt werden konnten.

Von Wichtigkeit sind auch die Berichte der South American missionary society,[1]) die Ende 1877
den Purus zu ihrem Arbeitsfeld erkor, freilich, wie zu erwarten war, ohne Erfolg. Schon 1882 wurde
das Unternehmen aufgegeben. Einem der damaligen Sendboten, Mr. Duke, der als Kautschuck-
händler am Sepatiny zurückgeblieben war, verdanke ich mancherlei Informationen und werthvolles
linguistisches Material.

Aeusseres, Tracht und Schmuck.

Auch unter den Ipurina sieht man Individuen, die sich in Regelmässigkeit der Züge und Helligkeit
der Färbung nicht von Süd-Europäern unterscheiden. Solche besitzen meist auch eine ziemlich ansehn-
liche Körpergrösse. Die Mehrzahl ist indess von kleinerer Statur, untersetzt und kräftig. Dieser durch
starke Brachycephalie ausgezeichnete grössere Typus zeigt ein niederes, breites Gesicht, vorspringende
Jochbogen, schmale, weichende Stirn, weit abstehende, etwas schräg ge-
schlitzte Augen und stark gekrümmte, an der Spitze etwas hängende
Nase. Der Mund ist bei Allen auffallend breit. Der Fleckenkrankheit
scheinen sie weniger als die vorher genannten Völker unterworfen zu sein.
Bei beiden Geschlechtern ist die Nasenscheidewand durchbohrt, bei
den Frauen auch Ober- und Unterlippe.

Bemalung oder Tätowirung irgend welcher Art wurde auch bei
ihnen nicht beobachtet.

In Körperbedeckung und Schmuck unterscheiden sie sich kaum
von den Yamamadi. Die Männer (Taf. XIV. 1) haben das gleiche Suspensorium (*pumaki*), die Frauen dieselbe Fransenschürze (*pumapiil*), ersetzen sie
aber im Hause einfach durch ein am Gürtel befestigtes grünes Blatt. Am
Flussufer selbst sieht man übrigens jetzt die Ipurina der Insekten wegen
kaum anders als mit einigen erhandelten Kleidungsstücken.

Die Weiber tragen um die Unterschenkel eng anliegende, gamaschen-
artige Baumwollgeflechte (vgl. Taf. XIV. 2), die sie am Körper selbst
anstricken, eine Hauptbeschäftigung ihrer Mussestunden. Gehen sie ihren
Verrichtungen nach, so binden sie ihr Strickzeug einfach an das Bein fest.
Aehnliche Binden, aber schmaler und abziehbar mit verstellbarem Ver-
schluss (*tamamili*) tragen beide Geschlechter an den Oberarmen (Fig. 36). Auch sie schmücken die
Ohrläppchen mit den an Rohrstäbchen befestigten Muschelscheiben (*urua*) oder kleinen, dreieckigen,
concaven Muschelplättchen mit lang herabhängenden Schnüren; die Nasenscheidewand mit dem
kurzen Vogelknochen oder Rohrstück (*reinti*).

Fig. 36. Verstellbares Oberarmband *t*).

[1]) Niedergelegt im South American missionary magazine, London 1877.

Die Weiber tragen in Ober- und Unterlippe T förmige Perlmutterstückchen (*tuhutli*).
Die Halsbänder und Gürtelschnüre aus weissen Glasperlen oder durchbohrten Zähnen und
Muschelscheibchen (*kjtamaia*) gleichen denen der Yamamadi.

Lebensweise, Obdach und Nahrung.

Die Ipurina sind ebenfalls vorwiegend Jäger und Ackerbauer, betreiben aber auch Fischfang in
grösserem Umfang als die Yamamadi, da sie Kanus (*aato*) besitzen und überhaupt gern Stromfahrten
in weiterer Ausdehnung unternehmen. Diese Fahrzeuge (4—6 m lang, 1 m breit) sind einfache

Fig. 37. Rindenkahn.

Rindenstücke des Jarohabaumes, die durch ein eingelegtes Holzgestell im mittleren Theile auseinander
gehalten werden. Vorder- und Hintertheil, die keine Stütze haben, rollen sich tütenartig zusammen
(Fig. 37).
Die Ruder (*mehutli*) (Taf. XV, 10) sind von derselben Form, jedoch kunstloser wie die der
Paumari. Sie zeigen öfters rothe Zickzackbemalung.
Die am Kautschuck- und Copaivahandel betheiligten Horden sind bereits reichlich mit Kleidung
und Feuerwaffen, welche sie trefflich zu handhaben wissen, versehen, verhalten sich aber im Uebrigen
der Civilisation gegenüber ziemlich ablehnend. Sie scheuen die Nähe des Weissen und verlassen ihre
Zufluchtsorte nur, um ihre Vorräthe an Wasser, besonders aber an Schiessbedarf zu ergänzen.
Ihre Hütten *viku*, liegen immer eine ziemliche Strecke vom Flusse entfernt im Walde auf hohem
Terrain, und zwar so versteckt als möglich. Eine Dorfgemeinde zählt selten mehr als sechs bis acht
Familien, die in der Regel zwei grosse Hütten bewohnen. Zwischen beiden liegt die Pflanzung. Das
von mir besuchte „Dorf" am Rio Aciman bestand sogar nur aus einer Gemeindehütte, einem aus-
gezeichneten Specimen seiner Art (Taf. XIV, 3).
In Zierlichkeit, Solidität und sinnreicher Construction stellt sie vielleicht den vollkommensten
Typus einheimischen Hausbaues dar, der in Südamerika bisher bekannt ist.
Die Grundform ist nahezu elliptisch (grosser Durchmesser 15 m, kleiner Durchmesser 10 m),
doch sind die Langseiten mit den beiden Thüren einander fast parallel. Ein starker Balken auf
schrägen Strebepfeilern giebt jeder Langseite den Halt (Fig. 38). An ihn lehnen sich die seitlichen
Dachstangen, die in einer Höhe von ca. 7,5 m im First zusammenstossen.
Von den Stangen der geschlossenen Schmalseiten laufen nur die beiden mittelsten am Giebel
zusammen. Die übrigen (in der Regel dreizehn auf jeder Schmalseitenhälfte) verbinden sich mit den
zunächst liegenden der Langseiten. Im Innern läuft in 1,50 m Bodenhöhe eine horizontale Quer-
balkenreihe an den Wänden entlang, befestigt theils an den vier grossen Strebepfosten, theils an den
Dachstangen selbst. Ihre den Thüren zugekehrten Enden sind als Schlangenköpfe geschnitzt und mit
rothen und gelben Zickzacklinien bemalt. Auch über der Thür liegt eine an beiden Enden in
Schlangenköpfe auslaufende Latte mit gleicher Ornamentierung (Fig. 39).
Das Dach besteht aus einem Stück. An einem langen Sipu werden gespaltene Blätter der
Paxiubapalme (Iriartea exorrhiza) aufgereiht und in Spiraltouren um das ganze Hausgerüst von oben
nach unten herum gelegt.
Die kleinen Hütten für je eine Familie sind aus einfachen, über ein medianes Stützgerüst
zusammengebogenen Stangen construirt. Die Thür liegt seitlich. Das Dach bilden übergelegte, bis-
weilen verflochtene Palmblätter.
Von der Decke hängen in vielen Hütten aus Maiskolben gebildete oder aus Baumrinde aus-
geschnittene und bemalte Fischgestalten herab (Fig. 40 a, b). Den Dachgiebel zieren bisweilen aus

Stroh geflochtene menschliche Figuren, Bogenschützen darstellend, wie sie Crevaux bei den Summen Guayanas antraf.
Die einzelnen Familien sind meist durch Palmstrohverschläge von einander geschieden. Die Hängematten sind zwischen den umlaufenden Horizontalbalken und einzelnen in der Mitte eingepflanzten Pfosten ausgespannt.

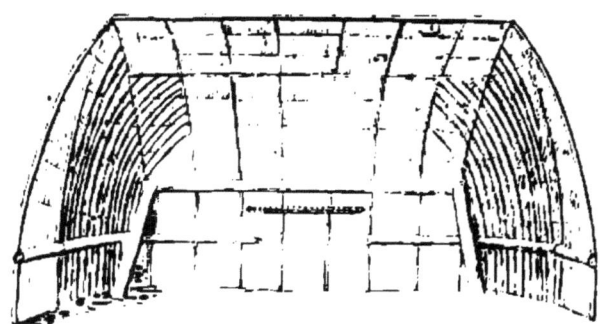

Fig. 38. Grosse Hütte (Mediamschulu).

Fig. 39. Thürverzierungen.   Fig. 40. Fischfiguren aus Baumrinde (Orig Museu nacional Rio).

An **Hausthieren** fanden sich in den beiden von mir besuchten Dörfern nur Hunde und die als Wächter besonders beliebten Hähne. Papageien fehlten gänzlich.
Einen Winkel der Hütte nimmt der allen Insassen gemeinsame **Küchenplatz** ein. In der Nähe der Feuerstelle befindet sich ein langer, kahnartig ausgehöhlter Trog, als Mörser (Pilão) dienend, aber auch je nach Bedarf als Mischgefäss oder Bank benutzt. Die ursprüngliche Art der Feuerentzündung kam nicht zur Beobachtung.
Die aus einem Stück Palmblatt geflochtenen Feuerfächer (Taf. XV. 5) stimmen ganz mit denen der Aruakstämme Guayanas überein. Sie sind löffelartig ausgewölbt, fünfeckig, mit mäandrischem Muster. Das Blatt bildet am Ansatz des Stiels zwei Lagen.
Folgende Bemerkungen über die Zubereitung der **Nahrung** gelten für alle Puruvölker.
Das Kochen, auch des Fleisches, ist gebräuchlicher als bei anderen Stämmen Brasiliens.
Der **Mais** wird entweder einfach am Feuer geröstet oder zur Herstellung gegohrener Getränke verwendet, wobei man auch hier die Fermentation durch Zerkauen des festen Bodensatzes herbeiführt.

Die Maniokwurzel wird mittelst Palmblattsplitter entrindet und auf einem Reibholz (*leminapi*) verrieben, dessen Form von der gewöhnlichen etwas abweicht (Taf. XV. 4). Das unten flache, oben leicht gewölbte Brett (55 cm lang und 18 cm breit) ist auf seiner ganzen Oberfläche mit kurzen Palmholzstacheln in unregelmässigen Reihen dicht besetzt und mit einem 15 cm langen Handgriff versehen.

Die Masse wird nach Ausdrücken mit den Händen in einem mit Blättern wohl verdeckten Korbe mehrere Wochen lang ins Wasser gelegt und so in Gährung gebracht. Endlich presst man sie in dem bekannten, schlauchförmigen Presskorb (*Kori*) aus und erhitzt sie bei fortwährendem Umrühren in grossen irdenen Töpfen. Es werden kleine Fladen (*kumyripido*) und kuglige Kuchen daraus hergestellt, während die Bereitung wirklicher gedörrter Farinha unbekannt ist.

Nicht minder wichtig als diese Hauptkulturpflanzen sind die gekochten Früchte der Pupunhapalme, sowie die bekannten, aus den Beeren der Oenocarpus-Arten (Bacaba und Assai) gewonnenen Brühen. Im Gegensatz zu der für uns widrigen Herstellungsart jener Maispräparate ist die Zubereitung dieser nahrhaften Palmenfruchtgetränke, rationeller und appetitlicher als die bei den „civilisirten" Nachbarn übliche, indem die Früchte zur Erleichterung der Maceration vorher im Mörser zerstampft werden, so dass die fleischige Hülle nicht durch Kneten mit den Händen entfernt zu werden braucht.

Genussmittel. Wie alle Purusstämme sind die Ipurina leidenschaftliche Tabakschnupfer. Cigaretten und Pfeifen haben erst neuerdings Eingang gefunden.

Die Tabaksblätter (*auiri*) werden auf einer über glühende Kohlen gestützten Thonschale oberflächlich getrocknet, sodann in ein Stück Holz geklemmt so lange der Hitze ausgesetzt, bis sie vollkommen dürr werden. Man pulverisirt sie nun in einer Fruchtschale und mischt die Asche verschiedener Hölzer (*abukatiri* und *abotinété* wurden genannt) dazu. Das Tabakspulver wird in Ampullariengehäusen (*makuru*) mit als Mündung eingesetztem kurzem Rohrstück aufbewahrt (Fig. 41a). Den Verschluss der letzteren bildet ein Busch aus Tukanfedern.

Zum Gebrauch schüttet man das Pulver auf ein Blatt oder in die hohle Hand und zieht es mit kurzen, zuweilen paarweis verbundenen Vogelknochen (Fig. 41 b) in die Nase ein.

Die Reaction ist sehr heftig. Unter starkem Thränenfluss, Niessen und Husten zieht sich der Schnupfer in seine Hängematte zurück und bleibt mit verstörtem Gesicht mehrere Minuten regungslos liegen.

Fig. 41 Tabaksdose und doppelte Schnupfröhre (¹⁄₁).

Das unter dem Namen Parica bekannte Schnupfpulver aus dem Samen der Piptadenia niopo (Akazienart) scheint nicht verwendet zu werden. Dagegen fand Chandless bei den oberen Ipurina das Cocakauen allgemein verbreitet.

Geophagie ist namentlich bei jüngeren Individuen nichts seltenes. Auffallend häufig sahen wir Kinder mit grossem Behagen faules Holz verzehren.

Kunstfertigkeit, Geräthe, Waffen.

Die **Industrie** der Ipurina ist unbedeutend. Selbst die von der Civilisation noch unberührten Stämme von Sepatiny haben nach Mr. Duke's Angaben vor den von mir besuchten nichts voraus.

Von den gewöhnlichen Schmucksachen war bereits die Rede. Federzierrathe scheinen sehr selten zu sein. Duke beschrieb ein den Kopf vollständig umgebendes Band mit hoher, aufrechter Federreihe (*kirey pukitu*), wie es auch die übrigens ethnologisch nahe verwandten Kampa oder Anti des östlichen Peru tragen.

Die **Weberei** beschränkt sich auf die erwähnten Armbänder. Es dient dazu ein höchst einfacher Apparat (*tabami*) in Form einer dreieckigen Lyra (Fig. 42) ohne besondere Vorrichtung zum Kreuzen der Kettenfäden. Ein etwas vollkommener, dessen Skizze jedoch verloren ging, befindet sich in der Labre'schen Sammlung zu Rio de Janeiro.

Die Spindeln mit Thonwirtel (*irpitú*) sind von gewöhnlicher Form, die Knäuel (*mapuatla*) wie Fig. 31.

Ihre Hängematten (*krihuti*) gleichen durchaus denen der Yamamadi und sollen auch vielfach von diesen geliefert werden. Am Aciman fanden sich merkwürdiger Weise auch baumwollene, angeblich von dem Nachbarstamme der Katarari herrührend.

Die äusserst primitiven, aber doch zweckentsprechenden Hängematten, deren die Ipurina sich im Nothfall, auf Reisen, Jagdzügen u. s. w., bedienen, zeigen deutlich, wie dieses nützliche Geräth erfunden sein mag.

Es werden einfach vier oder fünf Baststreifen (Embira) von 2 m Länge und 3—4 cm Breite vom Baume abgelöst und an den Enden zusammen genommen, zuweilen auch noch unter einander durch ein oder zwei kürzere Querstreifen verbunden. Immerhin erfordert das Liegen darin keine geringe Geschicklichkeit und Uebung.

Fig. 42. Webapparat (⅕).

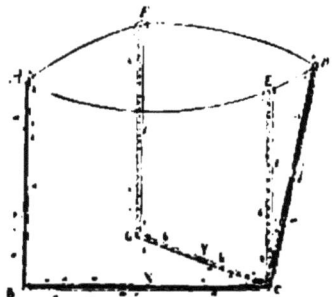

Fig. 43. Gestell des Tragkorbes Taf. XV. 13.

Die Keramik ist auch hier ganz in den Händen der Weiber. Bei allem Mangel an jeglicher Ornamentirung sind die Töpfe (*piteli*) von guter Qualität. Sie sind von runder oder elliptischer Grundform, dünnwandig, mit Muschelstücken geglättet und gut gebrannt. Man erzielt verschiedene Färbungen des Thons durch Beimischung von Ocker und Kieselguhr (*laritari*). Während der Topf noch warm ist, fährt man mit einem Harz (*hypakiri*) darüber hin, damit die Farbe haftet (Taf. XV. 7 und 9).

Von Flechtarbeiten finden sich neben den gewöhnlichen dreispähnigen Körben in Cylinderform (Taf. XV. 8) noch solche aus Palmenblättern mit viereckigem Boden und rundlicher Oeffnung in dichtem, gemustertem Geflecht (Taf. XV. 8) und endlich Tragkörbe (*lihati*) von ganz eigenartiger Ausführung mit dreieckiger Grundfläche und viereckiger beziehungsweise runder Mündung (Taf. XV. 13).

Das Grundgeflecht besteht aus schmalen, in drei Richtungen sich kreuzenden Desmoncusstreifen, durch welches zur Verstärkung übersichtlige Horizontalspähne hindurch gelegt sind. Ein einziger langer Span spiralig um die Wand des Korbes herum, während die Bodenfläche von einem ganzen System harter paralleler Spähnchen durchzogen ist.

Die dreieckige Form des Bodens wird durch das Gestell hervorgebracht. Es besteht aus zwei der Länge nach gespaltenen Sipos *a* und *bi*, die sich an der blossen Ecke der Basis bei C kreuzen und zwischen ihren beiden Lagen zwei Kanten der Basis und vier der Seitenwände einfassen. Der Sipo *a* beginnt an der Innenseite der Kante B C bei X, läuft über die Ecke B nach A, biegt dort auf die Aussenseite um und sieht über B nach C und D, von wo er wieder nach innen umbiegend über C nach seinem Ausgangspunkte X zurückkehrt (Fig. 43).

In gleicher Weise läuft der Sipo *b* von Y auf der Innenseite über G nach F und umbiegend aussen über G und C nach F, von wo er über C nach Y wieder zurückkehrt. An den Kanten A B und F G, welche die Rückenseite des Korbes begrenzen, sind zwei Oesen für die Tragebänder angebracht.

Waffen. Den Ipurina des mittleren Purus fehlt das Blasrohr. Ihre Waffen sind Bogen und Speere.

Erstere (*taputli*) sind von schwarzem Palmholz, 1,60—1,70 m lang, von mehr oder weniger flachelliptischem Querschnitt (Fig. 44a), im mittleren Theil 3 cm breit und nach den Enden zu sich verjüngend.

Die Sehne (*tipatitsi*) ist ein sorgfältig gedrehter Baumwollstrang, der einfach mittelst Schleifen übergehängt wird.

Ein Bogen der Sammlung von grösserer Länge aus anderem Holz zeigt eine scharf gekielte Innenseite (Querschnitt Fig. 44 b).

Die Giftpfeile (*kimatampi*) mit Holzspitze sind kürzer und schwächer als die der Yamamadi (1.20—1.35 m). Etwa ein Drittel der Länge kommt auf den Holztheil, dessen vorderstes, 17—22 cm langes Stück dreikantig zugespitzt und an den Seitenflächen mit flachen Längsrillen versehen ist, in denen das aufgestrichene Gift haftet.

In Abständen von 4—5 cm ist die Spitze mit Einschnitten versehen.

Das untere Ende ist ohne Einkerbung und vollständig bewickelt. Die Federn, deren Innenfahne entfernt ist, sind beiderseits in derselben Ebene am Schaft fest genäht. Der Schütze führt sie ebenfalls bündelweis, die Spitzen von einem Palmblattfuteral (*kimatampi kpiriri*) umhüllt, mit sich.

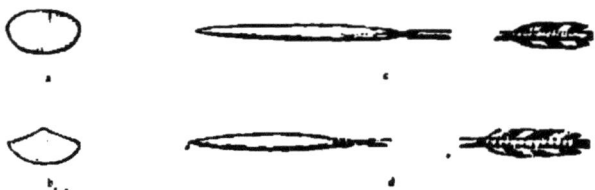

Fig. 44. Pfeile und Bogen. a und b Bogenquerschnitte (⅓); c und d Taquararohrpfeiltypen (⅓).

Die Pfeile mit Taquararohrspitze (*ixuta* oder *limbani*) sind etwas länger (1.40—1.60 m). Ein in den Schaft eingesetztes kurzes Palmholzstück trägt den mit zierlichen Bindentouren in schwarzweisser Querstreifung befestigten Rohrspahn von 30—40 cm Länge (Fig. 44 c und d).

Auch diese Pfeile sollen angeblich giftig sein und zwar von Natur (auch von Chandless behauptet). Sie werden von den Katarari, in deren Gebiet allein diese Rohrart vorkommt, gegen Pfeilschäfte, die diese nicht besitzen, umgetauscht und zwar in schon fertigen, regelrecht gespaltenen Stücken.

Die natürliche Giftigkeit des Rohres ist sehr unwahrscheinlich und konnte bislang durch keinerlei Beobachtungen bestätigt werden.

Vermuthlich hat die schwere Heilbarkeit der von den scharfen, stark kieselhaltigen Spähnen herrührenden Wunden zu diesem Glauben Anlass gegeben.

Ganz dasselbe berichtet auch Schomburgk von gewissen Rohrpfeilen Guayanas. Doch fielen im Thurn's Versuche damit durchaus negativ aus (vgl. Im Thurn a. a. O. p. 243).

Es giebt endlich noch giftlose Pfeile oder Harpunen (*samiati*) mit Spitzen aus Capivara und Agutizähnen zur Jagd auf kleine Thiere und Fische. Sie besitzen eine Länge von im Mittel 1,05 m, wovon ein Viertel auf den Holzeinsatz mit der Spitze kommt.

Der Speer der Ipurina besteht aus einem Stück schweren Holzes in einer Länge von etwa 2 m. Seine Spitze ist lanzettförmig abgesetzt.

Das von den Purus-Indianern verwendete Pfeilgift (*kapakingarim*) ist seiner Zusammensetzung und physiologischen Wirkung nach noch wenig bekannt. Nur gewisse Persönlichkeiten, Häuptlinge und Medizinmänner, kennen seine sonst sorgfältig geheim gehaltene Bereitungsart.

Es werden angeblich zehn verschiedene Pflanzen[1]) dazu verwendet, indem man Rindenstücke derselben, gemischt im Pilão, zerstampft und maceriren lässt. Der Extract daraus tropft in ein zweites Gefäss ab und wird unter fortwährendem Umrühren zu einer dicken, syrupartigen Masse eingekocht, die noch heiss mittelst eines Haarpinsels aus dem Schweif des Ameisenbären auf die Pfeilspitzen aufgetragen wird.

---

[1]) Eine derselben ist nach Professor Urban's Bestimmung eine Strychnos-Art. Orton (Andes and Amazonas, p. 327) nennt noch das Saft der Apocyn-Sapium aucuparium.

Die Wirkung des Giftes scheint nach den von Dr. J. Geppert in Bonn angestellten Thier-Experimenten von der des Curare verschieden zu sein, indem die erzeugten Lähmungen keine peripheren sind, sondern in den Centralorganen ihren Ursprung haben. Auch bleibt die Reflex-Erregbarkeit bis zum Tode erhalten. Weitere Untersuchungen darüber sind vorbehalten.

Die Intensität des Giftes lässt sich nach dem Zweck seiner Anwendung leicht abstimmen. Die Wunde des erlegten Thieres umschneidet man und lässt das Blut sorgfältig austropfen.

Als Gegenmittel nennt Chandless das Salz. Mir selbst wurde die Frucht der Pacova sororoca (Urania amazonica) als solches genannt.

Die Fischfalle der Ipurina (*kanhia*) ist der vorher beschriebenen ähnlich (Fig. 45). Die Reuse liegt eingeklammert zwischen dem senkrechten Stützpfahl C C, dem rechtwinklig daran befestigten

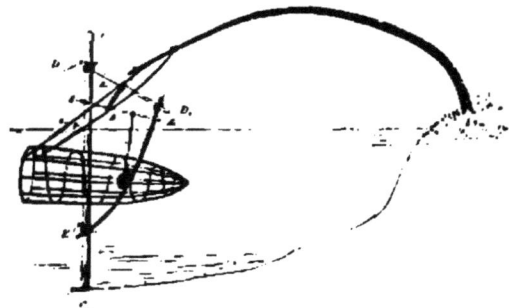

Fig. 45. Fischfalle.

Stab D D, und dem Sipo D, E. Das Sperrhölzchen B B, und der den Köder tragende Stift A A, liegen nicht innerhalb, sondern über derselben. Das Gestell selbst giebt hier den Fixationspunkt. Durch Herunterziehen des Köders gleitet A A, nach unten. Die Sperre B B, wird frei und entweicht nach oben und hinten, so dass die Schnüre x und y die Reuse emporheben.

Sociales Leben und Sitten.

Die **politische Organisation** ist bei den Ipurina sehr wenig entwickelt. Die Geschlechterverbände bilden Dorf- oder vielmehr Hausgenossenschaften, die unter sich in gar keinem Zusammenhang stehen.

Da jeder Todesfall, jede Krankheit der Zauberei seitens Angehöriger benachbarter Dörfer zugeschrieben wird, so hat die Blutrache den weitesten Spielraum und hören die Fehden in Folge dessen nie auf.

Die Stellung des Häuptlings (*entagukari*) ist gegenwärtig ganz bedeutungslos. „Bei uns ist jeder Häuptling", lautet die charakteristische Erklärung, mit der der Ipurina die Anerkennung jeder formalen Autorität von sich abweist.

Mit desto grösserer Unterwürfigkeit beugt er sich der geheimnissvollen Macht seiner Zauberer.

Familie und Ehe. Schon der junge Knabe bekommt ein Mädchen als zukünftige Lebensgefährtin zugewiesen, entweder auf seine eigene Bitte, oder durch Vereinbarung der beiderseitigen Eltern. Eine bindende Verpflichtung ist jedoch nicht damit verbunden.

Bei der definitiven Eheschliessung wird die Braut von ihrem Vater erbeten. Nach erfolgter Zusage ergreift das Mädchen die Flucht. Wird sie von dem Jüngling eingeholt, so gilt die Ehe ohne weitere Ceremonien als geschlossen.

Eine oder zwei weitere Frauen können später dazu genommen werden.

Ihre Behandlung scheint im Ganzen gut zu sein, und ist Chandless' Bemerkung: „the woman seem to be little better than slaves and before strangers do not venture to say a word" entschieden übertrieben.[1]

Geburt. Die Frau zieht sich einige Zeit vor der Niederkunft in eine Waldhütte zurück, wo ihr einige ältere Weiber, die auch dem Kinde den Namen geben, Beistand leisten. Die Nabelschnur wird abgedreht und dann unterbunden. Vier bis fünf Tage später kehrt die Mutter mit dem Neugeborenen nach ihrer früheren Behausung zurück. Jetzt ist es dem Manne, der während dieser Zeit strenge Diät halten musste, gestattet, das Kind zu sehen. Geschieht dies früher, so fürchtet man für die Mutter allerlei schädliche Folgen, wie Blutungen, Zersetzung der Lochien u. s. w. Noch ein ganzes Jahr lang darf der Mann weder Schweine- noch Tapirfleisch geniessen. Ein wirkliches „Männerkindbett" ist nicht üblich. Auch künstlicher Abort soll nicht vorkommen. Hat die Frau mit mehreren Männern Umgang gehabt, so sind diese zur Sorge für das Kind verpflichtet.

Das menstruirende Weib gilt, wie alles, was sie berührt, als „unrein".

Im Alter von sieben oder acht Jahren erfolgt die Durchbohrung des Nasenknorpels beziehungsweise der Lippen durch die Eltern und zwar ebenfalls mittelst scharfer Palmblattstacheln.

Begräbniss. Der Todte wird im Hause selbst, das nicht verlassen wird, in hockender Stellung eingescharrt unter Beigabe seiner Waffen, Schmuckgegenstände und Geräthe des täglichen Gebrauchs. Später werden die Gebeine wieder ausgegraben und mit Urucuroth eingerieben in einem Korbe über dem Feuer aufgehängt. Die damit verbundene Festlichkeit wird eingeleitet durch den „Storchtanz". Nach Chandless hält dabei ein Redner einen Armknochen des Verstorbenen empor und preist seine Kriegsthaten.

Aberglaube, Animismus und Zauberärzte.

Bei keinem der von uns besuchten Indianerstämme tritt der animistische Glaube, die Furcht vor dem Walten feindlicher Wesen, vor allem der Geister der eignen Verstorbenen (*kamiri*), so auffallig in Erscheinung, nirgends ist der Einfluss der berufsmässigen Beschwörer dieser geheimnissvollen Mächte der Pajés oder Schamanen so bemerkbar und in alle Lebensverhältnisse eingreifend, wie bei den Ipurina.

Selbst bei kurzem Verweilen in ihrer Mitte hat der Reisende fortwährend Gelegenheit, Aeusserungen des krassesten Aberglaubens zu beobachten.

Es ist das Verdienst von Stoll[2], zuerst die Erweckung von Sinnestäuschungen durch Suggestionseinwirkung zur Erklärung räthselhafter Erscheinungen der Völkerpsychologie herangezogen zu haben.

Die über den Geisterglauben und das Zauberwesen der Ipurina angestellten Ermittelungen liefern bei aller Unvollständigkeit doch wichtiges Material für diese in der Ethnologie so bedeutungsvolle Frage nach der Macht psychischer Beeinflussung und verdienen deshalb ausführlichere Behandlung.

Aberglaubische Vorstellungen, die sich an Personennamen knüpfen, sind schon den früheren Beobachtern aufgefallen. So erzählt der Missionar Jacob Resvck[3], jeder Ipurina habe mehrere Namen, einen für den gewöhnlichen Gebrauch, andere für specielle Zwecke, die jedoch in dem Bericht nicht angegeben werden. Auch ich konnte, da mir diese Notiz nicht gegenwärtig war, hierüber nichts Näheres erfahren; constatirt wurde nur, dass die Sprache der Ipurina überhaupt an Synonymen und Doppelnamen für die gewöhnlichsten Dinge ungemein reich ist.

Sicher ist ferner, dass Männer einem Dritten nur die Namen anderer Männer, Weiber nur die anderer Weiber mittheilen. Als Grund gab man an, die Weiber würden böse, wenn ein Mann ihren Namen nenne.

Bei einem Volke, welches so eifrig dem Waldwerk obliegt, wie die Ipurina, sind aberglaubische, auf die Jagd und das Waldleben bezügliche Vorstellungen nicht minder mächtig, wie noch heut vielfach im civilisirten Europa.

Ein Pfeil, der auf eine Sucuriu (Riesenschlange, Eunectus murinus) abgeschossen wird, macht den Bogen für immer sicher treffend.

---

[1] Journ. of the R. G. Soc. 35, p. 97.
[2] Ethn. d. Indianerst. v. Guatemala, p. 50 ff.
[3] Vgl. Andree, Parallelen, p. 176.

Flussrochen dürfen nicht harpunirt werden, da ihr Fett Blindheit verursacht.
Keinerlei kriechendes Gethier, nicht einmal Regenwürmer, fasst man an.
Verschiedenen Pflanzen schreibt man eine das Jagdglück begünstigende Wirkung zu, an der
selbst die civilisirten Einwohner des Landes nicht zu zweifeln wagen. So werden trockene Reiser des
Strauches *kapinyaū* vom Jäger in der Tasche getragen, um das Wild leichter zu entdecken. Der Saft
einer kleinen, intensiv nach Citronensäure riechenden Knollenfrucht (*maparataki*) schärft auf der Jagd
das Sehvermögen.

Die zerquetschte Frucht wickelt man in ein Blatt und giesst Wasser darauf, welches durch ein
kleines Loch abfliesst und ins Auge geträpfelt wird.

Im Walde hausen zahlreiche **Waldgeister**, mit denen der Jäger gelegentlich Nachts in feindliche Berührung kommt. Sehen wagt man es deswegen im Dunkeln auszugehen. Das schlimmste
dieser Gespenster ist der Mapinkuaré, ein Menschenfresser von riesiger Gestalt, mit grossem Bart
und feuerspeiendem Rachen. Er haust gewöhnlich in einer Erdhöhle, aus der nur seine Füsse hervor-
schauen. Er wird oft begleitet von seiner Frau Patiniru mit nur einer Brust, aus der sie den
Wanderer mit vergifteter Milch anspritzt. Als Waffen des Mapinkuaré werden Bogen, Lanze und
Blasrohr genannt.

Ayara, das „Echo", ist ein Zwerg in dem Gipfel eines hohen Baumes, der mit seinem Bogen
auf den Wanderer zielt. Er thut zwar direct nichts Böses, sucht aber den Jäger irre zu führen.

Die wichtigsten, weil häufigsten Waldgeister sind die *kamirj*, d. h. Seelen Verstorbener. Der
kamirj lebt im dichtesten Walde unter hohen Bäumen, „er ist wie ein Schatten ?)", ohne Nase und
Haar (einmal geradezu als Skelett bezeichnet), sein Penis ist nur 1 cm lang. Er drückt dem Menschen
die Brust zusammen, bis er stirbt. Hält der letztere dies aber drei Tage lang aus, so muss der *kamirj*
selbst vollständig (also den zweiten Tod) sterben. Ebenso ist es möglich, ihn zu tödten, wenn er bei
Tage kommt. Wenn der *kamirj* ausspuckt, so trocknet es niemals auf. Es scheint übrigens verschiedene Klassen von *kamirj* zu geben. Man erzählt von solchen, die nur die Sterbenden vollends
tödten, gesunde Menschen jedoch nicht angreifen.

Es giebt ferner *kamirj*, die in menschlicher Gestalt in den Hütten erscheinen, um sich an ihren
Feinden zu rächen. Diese sind natürlich ganz besonders gefürchtet, denn bei den fortwährenden
Streitigkeiten der einzelnen Dorfgemeinden mit einander, den Verhexungen, deren sie sich gegenseitig
beschuldigen, fehlt es nie an Anlässen zu supponirtem Eingreifen solcher gespenstischer Wesen. Diese
Vorstellung liegt der merkwürdigen Begrüssungsceremonie zu Grunde, mit welcher Angehörige
fremder Dörfer auch die zu friedlichem Besuche Eingeladenen empfangen werden.

Die Fremden haben sich nämlich darüber auszuweisen, dass sie wirklich die Erwarteten und
keine feindlichen *kamirj* sind.

Die Scene, welche sich bei solchen Gelegenheiten abspielt, ist für den uneingeweihten Besucher
im höchsten Masse aufregend und um so unverständlicher und überraschender, als sie mit Allem, was
man sonst von indianischen Empfangsgebräuchen weiss, im Widerspruch zu stehen scheint. Denn es
sind nicht, wie man erwarten könnte, die Bewohner der Hütte, die den Fremden zuerst in drohender
Haltung mit den Waffen in der Hand entgegen kommen, sondern diese selbst dringen bis an die
Zähne bewaffnet mit lautem Geschrei wie zum feindlichen Ueberfall ins Dorf ein.

Auf der Ipurina-Maloca am Aciman hatte ich zweimal Gelegenheit, dem sonderbaren Schauspiele
beizuwohnen. Es wurden hier Gäste zum Kamutiifest erwartet. Der Hergang ist dabei folgender.

Sind die Fremden avisirt, so rüstet man sich im Dorfe wie zum Kampfe. Die Waffen werden
hervor geholt, Bogen und Pfeile in Bereitschaft gesetzt, die Gewehre geladen u. s. w., und in einer
Reihe aufmarschirt erwarten die Krieger in der Mitte der Hütte, schweigend, die Waffen kampfbereit
in der Hand, ihre Gäste. Diese stürmen plötzlich athemlos herein, ebenfalls bewaffnet, mit gespanntem
Bogen und schussfertigem Gewehr. Sie rennen vor der Front ihrer Gegner mit wildem Geschrei,
zitternd vor Aufregung, wirklicher oder scheinbarer Wuth, hin und her. Auch aus den grimmigen
Mienen der Anderen spricht nichts Gutes, ihre lauten Zwischenrufe scheinen die Raserei der Fremden
immer mehr zu entflammen.

Endlich stehen sich beide Parteien, drohend, Aug' in Auge, die Schusswaffen im Anschlag,
einander gegenüber. Es tritt eine lange, unheimliche Stille ein. Der Sprecher der Fremden macht
Friedensvorschläge und giebt sich als Freund zu erkennen: Ich komme zu euch, ich bin N. N., euer

Freund und Verwandter, ich will nicht auf euch schiessen, ich will euch nicht mit dem Messer angreifen, ich bin kein *kamirí*, ich bin nicht gekommen, euch zu tödten! Alles dieses wird von der Gegenpartei bestritten. Du bist kein Mensch, heisst es, du bist ein *kamirí*, du hast dies oder jenes Böse gethan, du hast den oder den getödtet, du wolltest uns alle tödten u. s. w.!

Endlich, nach halbstündiger Wechselrede, einigt man sich. Die Gewehre werden abgesetzt, man bittet die Fremden Platz zu nehmen und reicht, wenn auch nicht die Friedenspfeife, so doch die Friedensschnupfröhren herum. Jeder nimmt eine tüchtige Prise. Während dessen tritt der Sprecher der Fremden an den Hausherrn heran, kniet vor ihm nieder und beginnt mit zur Erde gewendetem Gesicht in abgerissenen Sätzen alle Vorfälle, die sich in der letzten Zeit in seiner Heimat zugetragen, herzuzählen. Mit näselnder Stimme, in gleichem Tonfall, antwortet der Hausherr und erzählt dann, ebenfalls knieend, dem Fremden die Neuigkeiten (Todesfälle, Mordthaten u. a.) seines Dorfes. Beide schnupfen zusammen noch einmal Tabak, die Waffen werden ganz entfernt und die Fremden stehen unter dem Schutze des Gastrechts.

Dass es sich hierbei um keine wirkliche Feindseligkeit handelt, lässt sich nur darin erkennen, dass die Weiber dabei in der Hütte anwesend bleiben.

Sind auch Frauen unter den Besuchern, so entspinnt sich auch zwischen den weiblichen Parteien ein lebhafter Wortwechsel, mehr komischen Charakters. Sie setzen sich einander gegenüber, schlagen sich mit lautem Gekreisch auf alle der Berührung zugänglichen Körperstellen, wobei sie die körperlichen Reize ihrer Genossinnen einer abfälligen Kritik unterziehen, die ihnen dann in gleicher Weise erwidert wird.

Es gelang erst später, durch einen jungen Ipurina (Jäger der Factorei zu Hyutanaham), der uns als Dolmetscher auf dieser Reise begleitete, näheres über diesen sonderbaren Brauch zu erfahren und einige der Wechselreden, in denen uns selbst die häufige Wiederholung des Wortes *kamirí* auffiel, wenigstens dem Sinne nach übersetzt zu erhalten. Der zu Grunde liegende Gedanke scheint folgender zu sein.

Ein Fremder kommt entweder als Feind oder als Freund. Im ersteren Falle dringt er unvermuthet, nachdem seine Leute das Haus umstellt haben, in die Hütte ein und greift, ohne ein Wort zu sagen, die Bewohner an, die auf alle Fälle zur Vertheidigung gerüstet sein müssen.

Kommt er als Freund oder geladener Gast, so liegt doch die Möglichkeit vor, dass man es nur mit einem feindlichen *kamirí*, besonders dem Geist eines Ermordeten zu thun hat, der die Gestalt des Erwarteten annahm, um sich an seinen Mördern zu rächen. Ein solcher Fall sollte kurze Zeit vor unserer Ankunft stattgefunden haben. Ein Ipurina hatte seinen Vater ermordet und war von dessen plötzlich in die Hütte eindringenden *kamirí* mit Keulenschlägen getödtet worden.

Da ein Spukgeist stets lautlos sich zu nähern sucht, so bekunden sich die Fremden durch lautes Geschrei und heftige Geberden als Wesen von Fleisch und Blut.

Auch sie sind zum Kampfe bereit, da sie darauf gefasst sein müssen, von den Anderen, wenn sie Verdacht schöpfen, mit Schüssen empfangen zu werden.

Auch für diese und auf den ersten Blick so absurd erscheinende Sitte finden sich interessante Parallelen selbst bei Kulturvölkern. So muss noch heut der buddhistische Mönch sich vor seiner Aufnahme darüber ausweisen, dass er kein Gott und kein Teufel ist. Bei uns selbst begrüsst man gelegentlich Freunde, die man nach langer Abwesenheit unverhofft wiedersieht mit dem Ausruf: Bist du es oder ist es dein Geist?

Die Zauberer (*eutiti*), deren jede Maloca mehrere zählt, sind bei weitem die einflussreichsten Persönlichkeiten. Sie allein sind im Stande, jene zahlreichen Geister zu bannen, Krankheiten zu heilen oder ihren Feinden solche beizubringen. Sie verstehen sich auf die Zubereitung von Giften (*mynti*), die sie ihrem Opfer heimlich beizubringen wissen. Bei jedem Krankheitsfall, auch dem einfachsten Wechselfieber, heisst es deshalb stets: der oder der Zauberer hat Gift gestreut. In der Regel beschuldigen die Ipurina die Zauberer der Yamamadi und umgekehrt.

Wer Zauberer werden will, tritt meist schon als Knabe seine Lehrzeit an.

Der Pajé lässt den Candidaten einen oder mehrere kleine Steinchen verschlucken, die er unter heftigem, durch Tabak erregtem Erbrechen zum Vorschein gebracht hat. Es sind Quarzkörner, offenbar von weit her importirt, dieselben, die bei der Krankenbehandlung scheinbar aus dem Körper des Patienten herausgesaugt werden.

Nun wird der junge Mann in den Wald geschickt und muss daselbst drei Monate lang strenge Diät halten. Seine Hauptnahrung besteht aus gewissen Blättern. Ein Begleiter hat ihn zu überwachen, damit er keine Diätfehler macht.

Sein Waldleben dauert so lange, bis ihm „die grosse Unze" erscheint, die denn auch bei seiner durch die lange Hungerkur überreizten Phantasie nicht lange auf sich warten lässt. Entweder wird nun der Candidat von ihr verschlungen, was wohl nur der Fall ist, wenn zufällig eine wirkliche Unze sich sehen lässt, oder er wird von ihr in höhere Geheimnisse des Pajéthums eingeweiht und kehrt als fertiger Zauberer in sein Dorf zurück.

Bei der Krankenbehandlung, der ich am Aciman beiwohnte, saugte der Medizinmann zunächst an der Körperstelle des Patienten, die der Sitz des Leidens zu sein schien und zwar mit solcher Intensität, dass ein weithin hörbarer klatschender Ton erzeugt wurde und grosse blaue Flecke wie nach Applikation eines trockenen Schröpfkopfes sichtbar blieben. Dann brachte er unter lautem Rülpsen ein Steinchen aus dem Munde hervor, bepustete und beleckte es mehrere Male, rieb es sich selbst an verschiedenen Körpertheilen, Unterarmen, Unterschenkel und Achsel, ein und liess es dann sehr geschickt wieder verschwinden.

Ehe er das Saugen wieder begann, schlug er rechts und links mit Händen und Füssen aus. Nunmehr kamen andere Körperstellen des Patienten an die Reihe, wobei immer wieder ein Stein, wahrscheinlich immer derselbe, aus dem Munde hervorgeholt und wegpracticirt wurde, ein ausgezeichnetes Taschenspielerkunststück.

Zum Schluss ging er in einen Winkel, um kräftig auszuspeien und wiederholte dasselbe unter einem Baum vor der Hütte, trat das Sputum mit dem Fusse aus und machte, sich plötzlich umdrehend, mit Händen und Füssen abwehrende Bewegungen.

Bringt er den Stein nicht heraus, so liegt dies an dem Gegenzauber eines feindlichen Pajé, der erst besänftigt werden muss. Gelingt die Kur einem anderen, so kommt der erstere nicht selten in den Verdacht, der Thäter gewesen zu sein.

Bisweilen saugt der Pajé dem Patienten die Eingeweide heraus, um ihm thierische dafür einzusetzen. Der Kranke wird dazu vorher durch Tabak narkotisirt und ist nach Erwachen vollkommen überzeugt, nunmehr den Magen, die Leber u. s. w. eines Schweines oder sonst eines Thieres in sich zu haben.

Erscheint am Himmel ein Meteor, so versenkt sich der Zauberer durch Tabakschnupfen in narkotischen Schlaf und erklärt nach dem Erwachen, er sei zum Himmel aufgestiegen und habe das Feuer gelöscht, das sonst die ganze Welt verzehrt hätte.

Der Zauberer vermag sich nach Belieben in Thiere zu verwandeln, ist aber in dieser Thiergestalt gewöhnlichen Menschen unsichtbar, kann vielmehr nur von einem anderen Zauberer darin gesehen werden.

Die Steinchen, die er sich aus dem Munde zieht, dienen ihm auch sonst noch zu magischen Zwecken, so zur Tödtung Abwesender. Er wirft sie in der angenommenen Richtung nach seinem Feind, der dann einen schmerzhaften Stich „wie von einer Wespe" fühlt und von Stund an langsam dahin stirbt (vgl. S. 33).

Die bei Naturvölkern vielfach geübte Tödtung hoffnungslos Kranker, bei denen sich alle Künste der Zauberer unwirksam erweisen, scheint auch bei den Ipurina im Schwange zu sein. Es sprechen hierfür folgende Ermittelungen. In denen der Einfluss der Suggestion seitens verschmitzter Schamanen auf das Gemüth des Naturmenschen sich in besonders charakteristischer Weise bekundet.

Man vertraut solche Patienten der Obhut der *inkisi*, „der grossen Wasserschlange" an, die in der Ipurina-Mythologie überhaupt eine wichtige Rolle spielt. Sie scheint zu den später erwähnten Kamuttsigeistern in Beziehung zu stehen. Ihr Lieblingsaufenthalt soll bei den grossen Steinmassen im Flusse unterhalb Hyutanahäm sein, wo sie gelegentlich Kanus in den Grund zieht. Sie erzeugt Regen, Donner und Blitz, aber nicht im Zorn, sondern einfach durch ihr Herumkreisen auf der Oberwelt. Hat es zu lange geregnet, so tritt sie plötzlich als Regenbogen (*inkisi*) hervor, um besseres Wetter herbeizuführen. Sind Kranke da, die in ihrem verzweifelten Zustande nur noch von der Schlange Hilfe erwarten, so geht einer der Schamanen an den Fluss, um den „Wassergeist" zu rufen. Nachdem sich alle Begleiter entfernt, erscheint derselbe und fragt zunächst nach den mitgebrachten Geschenken! Ist er damit zufrieden, so erklärt er sich zur Aufnahme des Kranken bereit. Dieser wird nun mit

Tabak betäubt und in den Fluss geworfen, auf dessen Grund er „mit dumpfem Knall" niederfällt und erwacht. Der Wassergeist nimmt ihn in sein Haus auf und stellt ihn wieder her. Die Art der Kur wurde leider so unklar geschildert, dass sich die Erzählung nicht wiedergeben lässt. Die Genesenen bleiben dann für immer im Reiche der Wasserschlange und leben dort herrlich und in Freuden, ohne das Verlangen, wieder an die Oberwelt zu kommen. Auch die zufällig Ertrunkenen finden daselbst Aufnahme, wogegen bereits auf der Erde Gestorbene zurückgewiesen werden.

Moribunde Leute sollen nicht selten von den Zauberern durch Keulenschläge ins Jenseits befördert werden.

Die Seelen der Schamanen selbst fahren im Feuer zum Himmel.

Tänze und Feste.

Am Vorabend aller wichtigen Unternehmungen, Kriegszüge, Jagden, werden Tänze unter Gesangbegleitung aufgeführt. Erstere sind einfache Umgänge in eigenthümlichem Gleichschritt, wobei mit einem Fuss zwei Schritt vorgetreten und der andere nachgezogen wird. Die Tänzer legen dabei eine Hand auf die Schulter des Vordermannes, mit der anderen ihre Waffen haltend. Die Weiber tanzen, da wo sie überhaupt theilnehmen, gesondert. Die Gesänge beziehen sich auf das zu erwartende Kriegs- oder Jagdglück, sie sind nicht unmelodisch, beschränken sich aber auf die endlose Wiederholung derselben kurzen, dem Inhalte nach recht gedankenarmen Strophe.

Ich sah einen solchen Tanz am Aciman, den *Sipuri*, bei dem die Tänzer zum Theil obscöne Bewegungen machten. Eins der dabei gesungenen Lieder war das folgende:

*Memukki sari manaan simah
idyi jajaukuri, idyi jajuakuri*

u. s. w. Es heisst dies einfach: In dem grossen See am Aciman sind viele Fischottern.

Auch die Ipurina haben ihre Thiertänze, bei denen jedoch keine Masken verwendet werden. Beim Storchtanz (*jukara?*) halten die Vortänzer aus Holz geschnitzte Storchfiguren in der Hand (Fig. 46) und alle ahmen den Tritt des Vogels nach. Aehnlich ist der Tukantanz (*tingumi*).

Fig. 46. Storchfigur (Orig. Mus. ex. Blol.)

Das wichtigste Tanzfest ist das der Kamutši oder Kamatši (vgl. S. 39), welches zum Theil unter sehr ähnlichen Namen im nördlichen Theil Südamerikas wiederkehrt und wahrscheinlich zur Sonne (*Kamu* vieler Aruaksprachen) in irgend welcher Beziehung steht. Schon Humboldt erwähnt (Reise III, p. 323) ein Fest der Stämme am Atabapo zu Ehren des Cachimana, des guten Geistes, der die Jahreszeiten regiert und Früchte reifen lässt. Er erzählt von den heiligen Trompeten den Botuto, aufbewahrt in Obhut weniger Eingeweihten, die der Geist des Cachimana selbst blässt oder durch jene Auserwählten blasen lässt, um seinen Willen zu verkündigen.

„Weiber," sagt er, „dürfen das wunderbare Instrument gar nicht sehen. Hat eine das Unglück, die Trompete zu erblicken, so wird sie ohne Gnade umgebracht!"

Das sogenannte Jurupariffest der Uaupésstämme (Tucanos u. a.) stimmt im wesentlichen hiermit überein. Es ist leider nur unter diesem der Lingoa geral (Tupi) entlehnten Namen bekannt, so dass es noch zweifelhaft ist, ob es jenen Völkern ursprünglich zukommt.[1]

Am Purus feiern es die Ipurina fast in derselben Weise, wie ihre nördlichen Brüder am Orinoco. Nur wird hier die Existenz zahlreicher Kamutši angenommen, gespenstischer Wesen, angeblich mit Federn oder feinem Haar bedeckt, die allen Uneingeweihten, auch den Männern, verderblich sind. Doch werden letztere vorkommendenfalls von den Zauberern gerettet, während den Weibern ihr Anblick sicheren Tod bringt.

Der Aufenthaltsort der Kamutši, eine Lagune, ist nur gewissen Schamanen bekannt. Soll das Fest gefeiert werden, so begiebt sich einer derselben an den betreffenden See und holt die Zaubertrompeten aus spiralig gedrehter Rinde des Jutahybaumes (*dankuma kamutii*, Fig. 47) oder auch Flöten aus Tabocarohr (*kuili*) mit eingefügtem Stift, der als Pfeifenzunge dient. In ihnen befinden sich die Kamutšigeister.

Die Männer haben sich unterdessen in einiger Entfernung vom Dorfe im Walde versammelt

---

[1] Vgl. Coudreau, La France équinoctiale II, p. 181 ff.; Pfaff, Verh. d. Berl. Anthr. Ges. 1890, p. 101 ff.

und nehmen die Trompeten, fünfzehn bis zwanzig an der Zahl, je nach ihrem Ton von verschiedener Länge, in Empfang. Sie ziehen nun mehrmals verschiedene Weisen blasend hin und her, wobei jeder den rechten Ellbogen auf die Schulter des Vordermannes legt. Die Trompeten sind stets nach links unten gerichtet, bei jedem Stoss beugt die ganze Schaar die Knie. Zwei Vorbläser geben den Ton an, indem sie mit wilden Gestikulationen, ab und zu kurz ins Horn stossend, einige Male vor und hinter der Front auf und nieder tanzen. Man nennt sie die „Wildschweine", weil ihre Geberden an solche, wenn sie neben ihren Jungen hin und her laufen, erinnern.

Im Dorfe sind mittlerweile Speisen und Getränke, Bacababrühe und gegohrener Maisbrei hergerichtet. Beim Nahen des Zuges flüchten sich alle Weiber schleunigst in die Hütten, wo alle Feuer ausgelöscht werden.

Die Männer umkreisen, aus Leibeskräften blasend, immerfort mit dem Oberkörper taktmässig einknickend, das Haus. Die Weiber ihrerseits bilden im Innern der Hütte mit verschränkten Armen eine lange Reihe und singen einige Strophen, in denen sie ihre Furcht vor dem draussen heulenden fabelhaften „Thier" Ausdruck geben. Schliesslich reichen sie demselben mit abgewandtem Gesicht Speisen heraus, welche natürlich die Männer verzehren. Die Flöten werden nun versteckt, die Weiber verlassen die Hütte, die Gäste zu bedienen, und es beginnt ein die ganze Nacht durch währendes Gelage, das ab und zu von anderen Tänzen und Gesängen unterbrochen wird. Am nächsten Tage wiederholte sich am Spätnachmittag dieselbe Feier. Ob damit die Sache erledigt ist, vermag ich nicht zu sagen, da die beschriebene Festlichkeit in Folge von Streitigkeiten unter den Indianern selbst ein vorzeitiges Ende zu finden schien. Werden die Weiber der Trompeten ansichtig, so kommt der Kamutsi heraus, fährt ihnen in den Bauch und bringt ihn zum Platzen. Dass es den Weibern mit dieser Furcht vor dem Ungeheuer bitterer Ernst war, wie denen der Karaya bei den erwähnten Fischtänzen, ging aus ihrem Benehmen deutlich hervor. Die Männer schienen die Sache mehr als eine Belustigung aufzufassen, gewiss durch die Schadenfreude über die Leichtgläubigkeit der Weiber.

Fig. 47. Zaubertrompete (½).

Inwieweit sie ihrerseits wiederum unter dem suggestiven Einfluss der Zauberer standen, ob sie wirklich jene kunstlosen Blasinstrumente als geheimnissvolle Symbole oder Behälter der Kamutsigeister ansehen, wie unser Gewährsmann und Dollmetscher versichert, mag dahin gestellt sein. Ursprünglich muss einmal dieser Glaube bestanden haben, und der Umstand, dass immer nur ein bestimmter Schamane die Trompeten und Flöten im Walde anfertigt, die ja sonst jeder Andere auch machen könnte, spricht dafür, dass auch die Männer dabei zu den Dupirten gehören.

Ein kleines Schwirrholz in Fischform (*imeru*) wurde erworben, ohne dass sich näheres über seinen Gebrauch eruiren liess (Fig. 48).

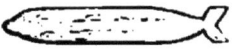
Fig. 48. Schwirrholz in Fischform (½).

Folklore.

Die **Stammessage** der Ipurina erzählt von einem Sinbrande. In der Sonne (*atukatti*) befand sich ehemals ein grosser Kessel mit kochendem Wasser. Zahllose Störche waren um ihn eifrig beschäftigt. Die einen flogen auf der Welt umher und sammelten alles, was dort verweste, um es in den Kessel zu werfen. Nur das unzerstörbare harte Holz *pirutaha* liessen sie liegen. Die Störche umgaben den Kessel und warteten bis etwas aufkochte, das frassen sie.

Der Häuptling der Störche, Oberhaupt der Schöpfer aller Vögel, war Mayuruberu. Dieser warf, als das Wasser im Kessel zu Ende ging, einen runden Stein (*pupitima*) hinein. Der Kessel fiel um, die heisse Flüssigkeit strömte zur Erde und verbrannte Alles, den Wald und auch das Wasser. Nur die Menschen blieben übrig, von Pflanzen nur die Marimari (Cassia). Der Ahnherr der Ipurina war das Faulthier (*hura*). Es erstieg den Marimaribaum, um Früchte herabzuholen, denn die Menschen hatten nichts mehr zu leben. Auf Erden war es finster, Sonne und Mond waren versteckt. Das Faulthier pflückte Früchte und warf Kerne herab. Der erste fiel auf harte Erde, der zweite schon in Wasser, der dritte in tiefes Wasser u. s. f. Beim ersten Kern erschien schon die Sonne wieder, aber noch ganz klein, kaum einen Zoll im Durchmesser, beim zweiten war sie schon grösser, beim dritten bereits spannengross, bis sie endlich ihre jetzige Dimension erreichte.[1]

Nun bat das Faulthier den Mayuruberu um Samen nutzbarer Früchte. Er erschien auch wirklich mit einem grossen Korb voll Pflanzen, und die Ipurina begannen die Felder zu bestellen. Wer nicht arbeiten wollte, wurde von Mayuruberu gefressen. Jeden Tag erhielt derselbe einen Menschen zum Frass.

So wurde die Welt allmählich wie sie jetzt ist. Der Kessel steht noch in der Sonne, ist aber leer.

Namen für Gestirne sind folgende:

Der Orion ist ein Käfer (*kandiru*).

In den Plejaden sieht man eine Schlange (*woinamd*), doch wird nach Angabe des Missionärs J. Resyek das „Kreuz" so bezeichnet.

Die Hyaden (Gruppe des Aldebaran) bilden die Schildkröte (*sambari*).

Das Kreuz ist das Waldhuhn oder Jahu (*katyri*).

Nicht sicher zu deuten sind die Namen für die Milchstrasse (*emburi kamaui*), für Sternschnuppen (*itri kiri*) (wahrscheinlich fallender Stern).

Die Vorstellung der Ipurina vom Monde entbehrt nicht eines gewissen poetischen Zuges. Der Mond (*kasiri*) ist ein kleines Männchen mit über der Stirn sorgfältig geschnittenen Haaren. Er weilt bei Tage unter der Erde, um bei seiner Mutter zu essen, wobei er allmählich immer voller und runder wird, bis er endlich wieder abnimmt. Jeden Tag tritt er seinen Weg etwas später an. Ist er im Hinabsinken begriffen, so legt er gelben Federschmuck an, steigt er auf der anderen Seite tiefroth auf, so hat ihn seine Mutter mit einer rothen Ararafederkrone geschmückt.

Die weit verbreitete Annahme, dass der Mond die Früchte wachsen lasse, findet sich auch hier. Wenn aber hinzugefügt wird, dass er dies auf die Bitte der Menschen thue und man ihn deswegen *pati*, „Vater", nenne, so lässt dies schon christliche Beeinflussung vermuthen. Wirklich wird in der von den englischen Missionären adoptirten Fassung des Vaterunsers in der Ipurinasprache die Bitte an den Vater im Himmel um reiche Fruchternte ganz rationell als die Hauptsache hingestellt, da die den übrigen Bitten inhärenten abstrakten Begriffe den Indianern völlig unverständlich bleiben. So kann es nicht Wunder nehmen, dass der Mond in seiner Eigenschaft als Früchtebringer auch als *pati* im Himmel angesehen wurde.

Auch von sagenhaften Volksstämmen wissen die Ipurina mancherlei zu erzählen. So wohnen fern im Südosten inmitten undurchdringlicher Urwälder die Tsora (Tura·), die sich in Stein verwandeln, wenn man zu ihnen kommt. Kein Axthieb vermag ihnen Schaden zuzufügen, sie gehen deshalb für unsterblich. Auch ihre Lebensmittel werden zu Stein, wenn ein Fremder sie anrührt.

Den Tsora und den benachbarten Kat¹ipairi (Huait¹ipairi) war einst das Pfeilgift ausgegangen. Da baten erstere den Geist ihrer verstorbenen Mutter (oder Ahnherrin), solches zu schaffen. Diese brachte auch einen Brei, der sich indess als untauglich erwies. Auf erneutes Bitten lieferte sie endlich wirkliches Gift, mit dem die Tsora nun viele Thiere erlegten. Die Kat¹ipairi, die nichts erhielten, wollten jenen das Gift rauben und schossen auf sie mit Pfeilen. Aber die Tsora wurden zu Stein, nichts konnte sie verletzen. Da sie alle regungslos waren, glaubten die Kat¹ipairi ihnen die Giftpfeile einfach wegnehmen zu können. Schon hatten sie dieselben im Besitz, als die Tsora plötzlich aufsprangen und alle erschlugen.

Die Erwähnung der weit südwestlich vom Quellgebiet des Rio Madre de Dios hausenden Huaitsipairi ist in dieser Legende von hohem Interesse, da sie zeigt, wie weit die Beziehungen der Ipurina nach Westen hin reichen.

---

[1] Ebenso wirft in der Finthsage der Akawoio Guayanas der Ueberlebende Fruchtschalen herab, um durch ihr Aufschlagen das Abfassen des Wassers zu erkennen (vgl. Andree, Fluthsagen, p. 119 und 175). Hier wird umgekehrt das Wiedererscheinen desselben durch die fallenden Kern bemerkbar gemacht, ein weiterer Beweis für den engen Zusammenhang der Sagen von der grossen Fluth und der vom Weltbrand. Letztere finden sich indess sonst nur in Gegenden, die von Savannenbrüdern heimgesucht sind, nicht aber da, wo dichte feuchte Urwälder alles Land bedecken und gewaltige Ueberschwemmungen sich alljährlich wiederholen, wie am Purus. Der Schluss liegt nahe, dass die Ipurina ihre Sage aus weiter entlegenen, der Camponone angehörigen Gebieten entlehnt oder mit sich gebracht haben, sei es aus dem südwestlichen Guayana, sei es aus den Savannen Ostboliviens.

SCHLUSS.

Angesichts der grossartigen Förderung, welche die ethnologischen Studien seitens der nordamerikanischen Union erfahren haben, darf auch die Kenntniss der Naturvölker Südamerikas, zumal Brasiliens, nicht mehr so auffällig hinter der der Flora und Fauna dieses Continents zurückstehen wie bisher. Lange genug hat man sich damit begnügt, die alten Berichte über die verschollenen Tupistämme der Ostküste zu commentiren und kritiklos die für diese geltenden Befunde auf alle übrigen Stämme im Innern des ungeheuren Landes übertragen.

So entstand jenes Phantasiebild, das bis vor Kurzem die Ethnographie Brasiliens darstellte. Der Keltomanie in Europa entsprach in der neuen Welt eine Tupimanie.

Die Entdeckungen der letzten Jahre haben nach langem Stillstand auch den ethnographischen Studien auf dem südlichen Continent neuen Aufschwung gegeben.

Schon vermögen wir das Chaos der Stämme und Sprachen Brasiliens und der Nachbargebiete einigermassen zu sichten, schon lassen sich klare Fragen formuliren, deren Beantwortung indess nur auf streng inductivem Wege erreichbar ist. Es gilt, den „rothen Mann" da aufzusuchen, wo er seine Eigenart unverfälscht bewahrt hat. Keineswegs bedarf es hierzu ausschliesslich mühevoller Wanderungen auf unbetretenen Pfaden. Auch an den vorgeschobenen Posten der Civilisation, selbst im Bereiche der durch die Catechese beeinflussten Stämme ist noch reichlich Gelegenheit zu Beobachtungen vorhanden, die gerade dort, wo die Gefahr des Unterganges der eingeborenen Rasse näher gerückt ist als anderswo, am allerwenigsten verabsäumt werden darf. Solche relativ leicht zugänglichen Gebiete sind die hier behandelten.

An dem seit mehr als einem Jahrhundert befahrenen Araguaya hat sich noch ein reiches indianisches Leben in vollster Ursprünglichkeit erhalten, wenn auch von einer „Steinzeit" nicht mehr die Rede sein kann. Einige der interessantesten Probleme südamerikanischer Völkerkunde harren hier ihrer Lösung.

Die Karaya, von denen wir zur Zeit nur einen Theil näher kennen, sind ihrer ethnographischen Stellung nach noch ganz räthselhaft. Martius sieht in ihnen „versprengte Ueberreste eines Stammes in der Guayana" (Ethn. I. p. 298), und in der That deuten viele Züge, besonders Traditionen und der Stil ihrer Artefacte, auf eine Einwanderung aus nördlicheren Gegenden.

Die Anklänge an Gêssprachen (bes. an das Suya), welche das Idiom der Karaya in den Wörtern für die Körpertheile erkennen lässt, genügen noch nicht, um eine nähere Verwandtschaft mit den Gês zu begründen. Letztere sind vorerst selbst noch zu wenig bekannt, um sichere Anhaltspunkte liefern zu können. Um so dringender bedürfen daher die Grenznachbarn der Karaya die grossen Gêsnationen der Akua und Kayapo der genaueren Untersuchung. Sie sind vielleicht die zahlreichsten und kriegerischsten Stämme Brasiliens überhaupt, die im Zustande der Freiheit noch von keinem weissen Manne besucht, geschweige denn studirt worden sind.

Weiter nördlich, am unteren Tocantins, sitzen noch Tupivölker, im Steinzeitalter verharrend, und an diese westlich sich anschliessend die merkwürdigen Apiaka, deren Bedeutung für die Karaibenfrage bereits in der Einleitung erörtert wurde.

Verwirklichen sich die Projecte, welche den Riesenstrom zur wichtigsten Verkehrsstrasse in das Innere umgestalten sollen, so wird in wenigen Jahren von allen diesen Völkern wenig mehr als der Name übrig sein.

Dasselbe Schicksal bedroht die Stämme des erst kürzlich erschlossenen Purus, wo der Auflösungsprocess bereits im vollen Gange ist. Hier sind uns unter ganz eigenartigen Kulturverhältnissen Glieder der grossen Aruakfamilie erhalten, die für die Frage nach der Urheimat und der Wanderungsrichtung dieser so weit verbreiteten Völkergruppe in erster Linie in Betracht kommen. Nicht minder wichtige Resultate verspricht das Studium der von Labre und Padre Armentia zuerst geschilderten Stämme am Rio Aquiry und Madre de Dios. Nicht brasilischen, sondern andinen Völkerkreisen angehörig, scheinen dieselben manches der alten Incakultur Entlehnte bis heute bewahrt zu haben.

Mögen die vorstehenden Mittheilungen trotz ihrer Lückenhaftigkeit dazu beitragen, der weiteren Durchforschung zweier der wichtigsten ethnographischen Gebiete Südamerikas eine sichere Unterlage zu schaffen.

Es sei noch zum Schluss mit Dank derjenigen Männer gedacht, die zum Erfolg der Reise und speciell der Araguayafahrt wesentlich beitrugen. Es sind dies: Dr. Baggi de Araujo (Goyaz), dessen bereitwillige materielle Unterstützung das Zustandekommen der Expedition ermöglichte, Hr. Sebastião de Freitas, der als Kommandant des Dampfers seinen mächtigen Einfluss bei den Indianern dem Unternehmen zu Gute kommen liess, und endlich der deutsch-brasilianische „Camarada" Carlos Dhein aus Rio Grande do sul, der gemeinsam mit seinem Bruder schon auf der Xingu-Expedition in treuen Diensten erprobt, durch seine Gewandheit, Umsicht und unermüdliche, verständnissvolle Hingebung die ethnographische Sammlung so vollständig als möglich zu gestalten wusste.

Der Aufstellung und Beschreibung der letzteren hat Herr Dr. Max Uhle seine stets bereite und bewährte Beihilfe zu Theil werden lassen und sei deshalb auch ihm an dieser Stelle für seine Bemühungen verbindlichst gedankt.

AUTORENVERZEICHNISS.

(Die Ziffern hinter den Namen bedeuten die betreffenden Seitenzahlen.)

Andree 40. 41. 66. 72.
Armentia 74.
Bancroft 40.
Boas 30. 33. 44.
Castelnau 5. 8. 13. 17. 27. 28. 31. 34. 45.
Catlin 39.
Cazal 5.
Chandless 48. 51. 59. 66.
Coudreau 70.
Couto Magalhães 3. 5. 13. 19. 27. 28. 29.
Crevaux 61.
Cunha Mattos 5. 45.
Duke 59. 62.
Geppert 65.
St. Hilaire 5.
Humboldt 70.
Im Thurn 14. 16. 27. 33. 38. 39. 44. 46. 48.
Kleinschmidt 34.
Labre 59. 62. 74.

Leite Moraes 6. 18. 23.
Martius 5. 42. 45. 73.
Miclucho Maclay 29.
Moraes Jardim 6.
Müller 40.
Orton 64.
Pfaff 70.
Pinto da Fonseca 4. 12.
Pohl 5.
Resyek 66.
Rufino Segurado 5. 45.
Spinola 6. 33. 34.
Spix 51.
v. d. Steinen 3. 4.
Stoll 66.
Uhle 51. 74.
Urban 65.
Wallis 45. 51.

NAMEN- UND SACHREGISTER.

(Die Ziffern hinter den Namen bedeuten die betreffenden Seitenzahlen.)

Aberglaube 33, 51, 57, 58, 60 ff.
Abortus, künstlicher 27, 60.
Agrikultur 15, 49, 51, 53.
Akawoio, Karaibenstamm Guayanas, Fluthsage 72.
Akuä oder Chavantes, Gèsstamm am mittleren Araguaya 5, 8, 12, 73.
Amazonensage 41.
Anambä, Tupistamm des unteren Tocantins 3.
Anhanguera s. Bartholomeu Bueno.
Animismus 33, 66.
Anthropophagie 51.
Apiaka, Tupistamm am Tapajoz 4. Karaibenstamm am unteren Tocantins 3, 4, 73.
Apinagès, Gèsstamm des unteren Araguaya, den Kayapo verwandt 8.
Aquiry (Rio Acre), rechter Quellfluss des Purus 48, 74.
Arara, erloschener Stamm am linken Ufer des mittleren Araguaya und Rio das Mortes 45.
Araguaya, Reise 3. Skavenjagden der Paulisten 4. Frühere Expeditionen 4, 5. Geographie 6 ff. Ueberschwemmungen 41.
Araua, Volk am Yurua, den Paumari verwandt 49, 51.
Armbänder 11, 23, 32, 54.
Aruak (Nu-Aruak, Maipure), Völkerfamile von Guayana bis Central-Bolivien sich ausdehnend 4, 12, 39, am Purus 48 ff.
Aruma, Volk am oberen Xingu (wahrscheinlich Karaya) 6, 23.
Arzneistoffe 32, 67.
Aerzte, s. Zauberärzte.
Augenschirm 12.
Australier, Analogieen 29.

Bakairi, Karaibenstamm des Xingu-Quellgebiets 3, 4, 23.
Bananal (Ilha da S. Anna), grosse vom Araguaya gebildete Insel, Wohnsitz der Yavahé 4, 5.
Bartholomeu Bueno (Anhanguera), berühmter Paulistenführer 43.
Begräbnissweise s. Grab.
Begrüssung 8, 67.
Beinbinden 11, 22, 59.
Blasrohr 56.
Bogen 17, 51, 55, 63, 64.
Bohnenkultur 15.
Bororo, Volk im centralen Matto grosso 12, 18, 53.
Botocudos, Gèsvolk Ostbrasiliens 12.

Caraja s. Karaya.
Cara-Knollen 15.
Chavantes s. Akuä.

Chiquitanos, Männer- und Weibersprache der 9.
Chirurgie 12.
Cohabitation 29.
Curare 68.
Cuyenschalen 19, 20, 55.
Cylinderhut 12.

Dämonen 31, 67 ff.
Defäcation 27.
Dorf 7, 12 ff, 60 ff.
Dorfgemeinden 28.
Duck-Duckfest, Analogie 34.

Echo 67.
Ecuador, Analogie 32.
Ehebruch 27.
Eheschliessung 27, 29, 65.
Erbsen 15.
Eskimo 12, 20, 33.

Familie 27 ff. 65.
Fasten 29, 51.
Federschmuck 22, 23, 53, 62.
Felszeichnungen s. Petroglyphen.
Feuerbereitung 16, 55.
Feuerfächer 9, 61.
Fischerei 14, 15.
Fischereigeräthe 15, 57, 63.
Flechtarbeiten 20, 21, 51, 55—57, 63.
Fluthsage 40. — der Akawoio 72.

Gamaschen 59.
Game of cats cradle, Spiel 30.
Geburt 29, 51, 66.
Geisterglaube s. Animismus.
Geophagie 62.
Gèsstämme 3, 4, 73.
Getränke 16, 17.
Giftpfeile 56, 64.
Goyaz 3.
Grab 31, 51, 58, 66, der Kayapo 51.
Grabpfühle 28.
Grenzmarken 48, 57.
Guaicurus, Chacostamm, Männer- und Weibersprache 9.
Guayana, Nu-Aruak daselbst 4. Petroglyphen 46, 48.
Gürtel, Tanz 24, Schützen- 56, 60.

Halsschmuck 24, 53, 60.
Hameis 37.

NAMEN- UND SACHREGISTER

Hängematte 11. 22. 51. 54. 63.
Haus und Hausbau 12. 51. 54. 60 ff.
Hausthiere 12. 54. 61.
Häuptling 28. 29. 63.
Harpunen 56. 64.
Hautkrankheit 50. 52. 59.
Heilkunde 32. 58. 64.
Heirath s. Eheschliessung.
Holzessen 62.
Holzschnitzerei 25.
Horden 7. 58.
Huaitipairi, Nu-Stamm in Ostperu 72.

Ipurina oder Kangiti, Purusstamm 4. 58 ff.
— Aeusseres, Tracht und Schmuck 59.
— Lebensweise, Obdach, Nahrung 60.
— Kunstfertigkeit, Geräthe, Waffen 62.
— Sociales Leben und Sitten 63.
— Aberglaube, Animismus und Zauberärzte 66.
— Tänze und Feste 70.
— Folklore 71.

Jacaré, Sage 41.
Jagd 15.
Jagdaberglaube 66.
Juri, Volk am Solimões 34.
Juruparifest am Rio Negro 70.

Kaboi, Ahaherr der Karaya (Sage) 39. 40.
Kaingañ, Géstamm in S. Paulo, Paraná und Rio Grande 12.
Kamayura, Tupistamm des Xinguquellgebiets 6. 19.
K'amiri, Geister Verstorbener 67 ff.
Kamm 24. 55.
Kampa oder Anti, Aruakstamm Ostperus 62.
Kamu (Kamoti), Sonne der Aruakstämme 39.
Kamutii, Fest der Ipurina 70. 71.
Kanamari, Aruakstamm am Yuruá, den Ipurina verwandt 58.
— am Rixalá (auch Kanawari genannt), Panostamm 48. 58.
Kanus 17. 51. 60.
Karaiben 3. 4. 73.
Karaya (Caraja), Volk am Araguaya und Xingu 3. 4 ff.
— Verbreitungsgebiet 6 ff.
— Sprache 9.
— Aeusseres, Kleidung, Zierrath 9.
— Ansiedelungen, Häuser, Hausbau 12.
— Lebensweise und Nahrung 14.
— Werkzeuge und Geräthe, Industrie und Kunstfertigkeit 17.
— Sociales Leben, Recht und Sitte 26.
— Krankheiten und Zauberärzte 32.
— Animismus, Maskentänze 33.
— Legenden und Folklore 38.
Karayahi, Horde der Karaya, Wohnsitz 7.
— Kulturzustand 8. 12.
Karipuna, Panostamm am Madeira 58.
Kaiarari, Ipurinahorde 58. 60.
Katsuiti, Aruakstamm am Purus 58.
Katiana (Kathayana) s. Manetenéri.
Kathipairi s. Huaitšipairi.
Kayapo, Gésvolk im nördlichen Goyaz 3. 8. Feinde d. Kar. 8. Lippensteine derselben 11. Frauen als Gefangene 28. Grab 31.
Keramik 19. 51. 55. 63.
Keulen 18. 19. 51.
Kinder 28.

Kinderhandel 28. 49.
Knäuel 54.
Koniba, Panostamm Ostperus 58.
Kootenaysage 44.
Körbe s. Flechtarbeiten.
Körperbemalung 10.
Kradaho, Kayapohorde 8. 10.
Krankenbehandlung 32 ff. 58. 64.
Kreisel 30.
Kreuzornament 25. 30. 46.
Küche 16. 17. 51. 61.
Kulturpflanzen 15.
Kunstthätigkeit 24.

Lanze 19. 56. 64.
Ledige Personen 28.
Legenden 38. 71 ff.
Leichenfeier 30. 66.
Lippendurchbohrung 30. 53. 59.
Lippenschmuck 10. 11. 33. 50. 53. 59. 60.
Löffel 17. 23. 56.

Madre de Dios, Nebenfluss des Beni 48. 74.
Maipure s. Aruak.
Mais 15. 61.
Mandans, nordamerikanischer Stamm 39.
Manetenéri (Katiana), Aruakstamm am oberen Purus, den Ipurina verwandt 48. 58
Manioca 16. 51. 62.
Maniokreiber 16. 55. 62.
Männerkindbett 66.
Mapinkuari, Waldgeist 67.
Martiriosuinnen 4. 8. 45. 48.
Maskentänze 34 ff. 70.
Matten 21.
Mayuruberu, Schöpfer der Vögel 71.
Medizin 32 ff. 58. 65.
Medizinhütte 13. 34.
Medizinmann s. Zauberarzt.
Mehinaku, Aruakstamm des Xinguquellgebiets 23.
Melanesien, Analogien 34.
Menstruation 30. 66.
Musikinstrumente 24. 71.
Mutterfamilie 27.

Nahuqua, Karaibenstamm des Xinguquellgebiets 3.
Nahrungsmittel, am Araguaya 14 ff., am Purus 49.
Nasenschmuck 50. 53. 59.
Nu-Aruak s. Aruak.

Ohrzierrathe 23. 59.
Ornamente 25.

Paranatinga, Quellfluss des Tapajos 45.
Parka, Schnupfpulver 62.
Patiniru, weiblicher Waldgeist 67.
Paulisten 4. 45.
Paumari, Purusvolk 49 ff.
— Aeusseres, Tracht, Hautaffection, Lebensweise 50.
— Häuser, Kanus, Waffen, Industrie, Sitten und Gebräuche 51.
Personennamen 66.
Peruanische Fluthsage 40.
Petroglyphen der Martiriosinsel 8. 17. 45.
— Guayanas 46. 48.
Pfeile 18. 51. 55. 64.
Pfeilgift 56. 64 ff.
Pfeilschleuder s. Wurfbrett.
Pilão, Mörser 58.

NAMEN- UND SACHREGISTER

Pirarucu (Sage) 43.
Pires Campos, Paulistenführer 4. 45.
Polynesien, Analogien 38. 39.
Puppen 26. 61.
Purus, Nebenfluss des Amazonas 4.
— Geographie 48 ff.

Rechtspflege 29.
Regenbeschwörung 33.
Regenbogen 32. 69.
Rio das Mortes, grösster linksseitiger Nebenfluss des Araguaya 4. 7.
Ruder 17. 60.

Scarificationen 32.
Schambekleidung 11. 30. 32. 59.
Šambioa, Karayahorde 5. 7. 8. 12. 13. 14. 15. 18. 26. 36.
Schemel 25. 26.
Schildkrötentanz 51.
Schleuderpfeile 19. 42.
Schwirrholz 28. 71.
Seewohnungen 51.
Sinbrand 71.
Sintfluth s. Fluthsage.
Sommerhütten 13.
Sonnenmythus 34. 71.
Sociales Leben 26 ff. 63.
Spindeln 21. 22. 54.
Sprache 9.
Steinäxte 17. 46.
Steinpflöcke, Lippenzierrath 10. 11.
Sternbilder, Namen für 44. 72.
Storchtanz 70.
Strohfiguren 61.
Suya, Geavolk des Xinguquellgebiets 23. 73.

Tabak 15. 55. 62.
Tabakschnupfen der Purusstämme 62.
Tamoi, Ahnherr der Tupi 39.
Tanz 30. 51. 70.
Tanzmasken 34 ff.
Tanzrasseln 20. 36.
Tapirapé, linker Nebenfluss des Araguaya und Tupistamm daselbst 7. 11. 41.

Tätowirung 11. 30. 59.
Tekuna, Volk am oberen Amazonas 34.
Tocantins 1. 4. 5. 7. 34.
Todtentanz 30.
Töpfe s. Keramik.
Trauer 32.
Trumaí, Volk unbestimmter Zugehörigkeit im Xinguquellgebiete 6. 19.
Tsora (oder Tura'), sagenhafter Stamm 72.
Tupistämme 3.

Uaupéstämme 34.
Urucu, Orleansroth 10. 66.
Uäkrin, Kayapohorde 8.

Vögel, aufgestellt vor Dörfern 13.

Wachs 15.
Waffen 17. 51. 55. 64.
Waldgeister 67.
Warrau, Volk am unteren Orinoco 12. 34.
Weberei 22. 63.
Wehrwolf 33. 64.
Wischstock 56.
Wurfbrett (Pfeilschleuder) 19. 42. 43. 51.

Xingu 6. 45.
Xinguexpedition, erste 6; zweite 3. 6.

Yamamadí, Purusstamm.
 — Aeusseres 52.
 — Tracht und Schmuck, Character und Lebensweise 53.
 — Geräthe, Waffen 54—57.
 — Volkskunde 57.
Yavahé, Karayahorde 5. 7. 12.
Yuberí, Volk am Yurua, den Paumari verwandt 49.
Yurus 49. 51.
Yuruna Tupistamm des unteren Xingu 6. 23.

Zauberärzte und Zauberei 22. 33. 51. 68.
Zauberpfeile (Mythe) 42.
Zaubertrompeten 71.

TAFELERKLÄRUNG.

Taf. I. Karaya. Männer und Weiber (des vierten Dorfes der Šambioá).

1. Krieger. Der Mann links mit gescheiteltem Haar, im Munde die Tabakspfeife (Fig. 4), in der Hand seine Waffen haltend. Der zur Rechten zeigt das zum Zopf zusammengenommene Haar mit dem Federzierrath *aliktamara* (s. S. 10) und die nationale Umwicklung des Präputiums (s. S. 11).

2. Frau und junges Mädchen mit der Basisschürze, deren vorderer Zipfel nach hinten durchgezogen ist, da beide Individuen sich eben vom Boden erhoben haben (s. S. 11). Der Hintergrund beider Gruppen bildet eine der grossen, S. 20 und 21 erwähnten Buritifasermatten.

Taf. II. Karaya. Männer (des vierten Dorfes der Šambioá).

1 a und b. Porträt eines jungen Šambioá mit Ohrstäbchen und hölzernem Lippenpflock, dem breitgescheitelten Haar und der deutlich erkennbaren Stammestättowirung auf den Wangen.

2. Zwei Šambioákrieger en face. Der Mann links mit dem Federdiadem *larina* auf dem Hinterhaupt (s. S. 23), Bogen, Pfeile und Keule in der Hand, der rechte mit dem kleinen einfachen Kranzdiadem (Taf. IX. 6) und den eng um den Hals gewundenen Glasperlsträngen. Die grossen Unterarmmanschetten kennzeichnen ihn als Unverheirateten.

Taf. III. Karaya. Karayahigruppen (aufgenommen im letzten „Sommerlager" auf einer Flussinsel oberhalb der Nordspitze der Insel Bananal).

1. Männer, von denen zwei die Armmanschetten und Kniebinden tragen. Einer hat in den Ohren die kleinen Federrosetten mit centraler Perlmutterscheibe (s. S. 23). Gesichtsbemalung mit Russ ist erkennbar. Der Strohhut des im Vordergrunde sitzenden älteren Mannes ist nicht der auf S. 12 erwähnte, sondern ein direkt den Ansiedlern entlehntes Modell. Im Hintergrunde zwei lange Kanus und weiter links in der Ferne der kleine Araguayadampfer.

2. Weiber, Kinder und junge Leute, vor den aus Matten gebildeten Zeltdächern des „Sommerlagers" am Boden sitzend. Auf der Stange rechts zwei Araras, links am Ufer ein Jabiru (schwarzköpfiger Storch).

Taf. IV. Karaya. Dörfer.

1. Totalansicht des ersten Dorfes der Šambioá.
2. Empfangsscene auf dem dritten Dorfe der Šambioá.

Taf. V. Karaya. Häuptlingshütte (des vierten Dorfes der Šambioá). Gruppe auf dem Küchenplatz vor dem Eingang.

Taf. VI. Karaya. Waffen.

1. Bogen mit aufgewickelter Sehne und Federquaste (¼).
2. 3. Pfeile mit Palmholzmesser (¼).
4. Pfeil mit Vogelknochenspitze (¼).
5. Vogelpfeil mit stumpfer, kolbenförmiger Spitze (¼).
6. Wurfbrett (¼).
7. Schleuderpfeil dazu mit stumpfer Holzspitze (¼).
8. Kriegspfeil mit Rochemstachel Spitze (¼).
9. Kriegspfeil mit Taquararohrmesser (¼).
10. Lanze mit Schaftgeflecht (¼).
11. Flachkeule des Šambioá Häuptlings Amburá (aus der Sammlung Leite Moraes) (¼).
12. Flechtmuster derselben (¾).
13. Kanelirte Rundkeule des Amburá (¼).

Taf. VII. Karaya. Baumwollarbeiten.

1. Grosse schwarz-weissgestreifte Schlafmatte oder Umhang (¹/₄).
2. Fransengehänge aus gedrehten Baumwollfäden vom Halse über Brust und Rücken herabhängend zu tragen. Mit Urucuroth gefärbt (¹/₄).
3. 4. Schwarze, eng gewebte Leibgürtel für kleine Kinder (¹/₄).
5. Schwarze Quasten mit durchbohrten Schneckengehäusen paarweis an doppelt genommenen geflochtenen Schnüren befestigt. Werden von kleinen Kindern um den Hals getragen (¹/₄).
6. Knieband lediger Personen (¹/₄).
7. Schwarzes enggewebtes Stirnband mit aufgenähten rechteckigen Perlmutterscheiben (¹/₄).
8. Ein Paar festgestrickter rother Unterarmmanschetten, Abzeichen ledigen Standes (¹/₄).

Taf. VIII. Karaya. Ruder, Cuyen, Flechtarbeiten.

1—3. Ruder mit Fischmustern (¹/₄).
4. Maniokreiber (¹/₄).
5. Kleines Tabaktäschchen (¹/₄).
6. Grosser kahnförmiger Hängekorb mit roth aufgetragenen Kreuzornamenten (¹/₄).
7. Runde Gefässcuye mit Hängeschnur (¾). Muster dazu s. Fig. 10.
8. Doppelkorb zur Aufbewahrung von Federschmuck (¹/₄).
9. Grosser flaschenförmiger Korb (¹/₄).
10. Augenschirm (¹/₄).
11. Kleiner ausdehnbarer Flaschenkorb (¹/₄).
12. Grosse Tabakstasche aus baumwollenem, schwarz gemustertem Tragband (¹/₄).
13. Buriti-Fussmatte mit schwarzem Hastdurchschuss (¹/₄).
14. Elastischer Siebkorb (¹/₄).
15. Rucksackartige Tasche (¹/₄).
16. Runder Korb für rohe Baumwolle (¹/₄).
17. Grosser runder Tragkorb mit starkem Tragband aus Bast (¹/₄).

Taf. IX. Karaya. Federschmuck.

1. Helmartiger Kopfputz, wahrscheinlich zu 7 gehörig (¹/₂).
2. Hufeisenförmiger Kopfputz auf dem Hinterhaupte zu tragen, Randfedern weiss. Rothe Arararafedern in der Mitte und an den Enden. Deckfedern blau, roth und grün gemischt (¹/₂).
3. Cylindrischer Kopfputz aus dünnen, mit gelben und rothen Federchen überzogenen Stäbchen (¹/₂).
4. Geflochtene Mütze mit gelbrothen Federrosetten (¹/₄).
5. Grosses Diadem von weissrothen Federn (¹/₄).
6. Alltagsdiadem der Krieger. Reif mit rothgelben Federn überzogen (¹/₄).
7. Grosse fächerförmige Federgarnitur, dreiviertel geschlossen, wahrscheinlich um den unteren Teil von 1 herumzulegen (¹/₂).
8. und 9. Festarmbänder aus Unzenfell mit Federbüscheln (¹/₄).
10. Ohrzierrathe. Federrosetten mit centralem Muschelplättchen (¹/₄).

Taf. X. Karaya. Schmuck und Geräthe zum Tanz.

1. Tanzrassel mit Federgehängen und eingeritzten Ornamenten (¹/₂).
2. Tanzrassel ohne Federgehänge (¹/₄).
3. Maske des Vogels *tanhiá* (s. S. 36), vorn mit langem Buritifasergehänge, hinten mit schwarzer Federgarnitur (¹/₄).
4. Tanzrasseln aus Thevetiaschalen um die Knie zu binden, mit Querhölzchen und Flaumbedeckung (zum Theil entfernt) (¹/₄).
5. Einfache Tanzrasseln an Armen oder Beinen zu befestigen (¹/₄).
6. Tanzgürtel aus aufgereihten Thevetiafruchtkapseln (¹/₄).
7. Trompete aus Cuyenschale mit eingesetztem Taquaramundstück (¹/₄).
8—10. Tanzgürtel aus festem, schwarzweissem Baumwollgewebe mit Federgehängen (9 und 10 auch mit Thevetiaschälchen) (¹/₄).

Taf. XI. Karaya. Thon- und Wachsfiguren.

1. Einfachste Form ohne Andeutung des Geschlechts (¹/₄).
2. Einfache weibliche Figur (¹/₄).
3. Weibliche Figur mit Wachshaar, ohne Gesichtsmodellirung aber mit unteren Extremitäten. Wahrscheinlich ist Gravidität angedeutet (¹/₄).
4. Weibliche Figur mit Wachshaar, Gesicht und Oberkörper modellirt. Beine als Stummel (¹/₄).
5. Männliche Figur in ähnlicher Ausführung mit angedeuteter Zickzackbemalung (¹/₄).
6. Grosse weibliche Figur mit Stummelfüssen, aber deutlich modellirtem Gesicht. Der Schurz fehlt. Der Hals ist mit einer Kette von aufgereihten Ricinuskörnern und Schneckenschalen geschmückt (¹/₄).

7. Vollständig ausgearbeitete, mit Schurz bekleidete weibliche Figur (⅝).
8. Vollständig ausgearbeitete weibliche Figur mit Tragkorb, ohne Schurz und Bemalung (⅝).
9. Weibliche Figur aus schwarzem Wachs, mit Ohrstäbchen. Bestes Exemplar der Sammlung (⅝).
10. Grosse männliche Figur mit Wachshaar, Ohr- und Halsschmuck. Manschetten angedeutet (⅝).

Taf. XII. Karayn. Fischtanzmasken (Kopfaufsätze).

1 a. Fisch Piahussu, Vorderansicht \
1 b. Fisch Piahussu, Seitenansicht (links)   / desselben Exemplars (⅐).
2 a. Fisch Pacu, Vorderansicht \
2 b. Fisch Pacu, Seitenansicht (links)   / von Exemplaren verschiedener Grösse (⅐).

Taf. XII a (Beilage). Farbenskizze zu Taf. XII.

Die breiten Querbinden aus blauem, europäischem Militärtuch, welche die Originale tragen, sind hier in schwarzer Schraffirung wiedergegeben, da die ursprünglichen Binden wahrscheinlich aus schwarzem Baumwollgewebe bestanden, wie in Fig. 22 b.

Taf. XIII. Paumari und Yamamadi. Männer.

1 a und b. Porträt eines jungen Paumari.
2. Yamamadi-Männergruppe. l.. Jüngling mit Federschmuck (Taf. XV. 1) und Speer. R. älterer Mann mit Bogen und Giftpfeilen, deren Spitzen in der Palmblattkappe stecken. In der Mitte ein Blasrohrschütze mit Rindengürtel (s. S. 50).

Taf. XIV. Ipurina. Gruppen und grosse Hütte.

1. Männer.
2. Frauen und Kinder. Von ersteren trägt eine die vollständigen Ohr- und Lippenzierrathe aus Schneckenschalen (s. S. 59), sowie den kurzen Vogelknochen im Nasenseptum, zwei tragen die charakteristische baumwollene Frauenschürze, das Weib rechts dagegen das einfache grüne Blatt. Die Unterschenkelmanschetten sind bei allen dreien deutlich erkennbar.
3. Grosse Hütte der Maloca am Rio Acimari. Familiengruppe vor der Thür.

Taf. XV. Purusstämme. Hausrath und dergleichen.

1. Federdiadem der Yamamadi (⅐).
2. Ein Bündel Blasrohr-Giftpfeile der Yamamadi im Palmblatt-Futteral (⅐).
3. Maniokreiber der Yamamadi (⅕).
4. Maniokreiber der Ipurina, mit Haargriff (⅕).
5. Feuerfächer der Ipurina (⅒).
6. Feuerfächer der Yamamadi (⅒).
7. Topf der Ipurina (⅕).
8. Ipurinakorb, aus Palmblattstreifen dicht geflochten, von viereckiger Grundform. Mäandrisches Muster (⅐).
9. Topf der Ipurina (⅕).
10. Ruder der Ipurina (⅒).
11. Ruder der Paumari (⅒).
12. Tragkorb der Yamamadi (⅐).
13. Tragkorb der Ipurina, mit dreieckiger Bodenfläche nebst Tragband (s. S. 63) (⅐).

Druckfehler-Berichtigung.

Seite 36 Zeile 13 von unten lies Fig. 22 a statt Fig. 22 b.
" 38 " 24 " " " diesem " dirsem.
" 40 " 21 " oben " ihrem " deren.
" 44 " 10 " unten " nur " und.